禁断の幕末維新史

【封印された写真編】

偽装日本史

加治将一

水王舎

フルベッキ写真　46 人撮り

中央の外国人・フルベッキを囲み、44 人の武士が写る通称「フルベッキ写真」。後の明治天皇とされる若い侍（★の人物）が写る衝撃の古写真である。西郷隆盛（★の人物）など、維新の英傑も数多く写っているとされる。

まえがき
歴史殺し

『ヒストリアイ』

はるか紀元前450年、人類初の歴史書だ。筆者はヘロドトス。

中身はギリシャとペルシャの戦いをギリシャ人の視線でまとめたものである。

ヘロドトスがギリシャ、ペルシャ、リディア、エジプト……たっぷりと歳月をかけ、巡ったおかげで臨場感が際立ち、実録と神話の融合した傑作物語が完成した。

お気づきだろう。英語「ヒストリー」は、このギリシャ語「ヒストリアイ」から来ている。

ただし意味は違う。

ヒストリアイは「調査結果」といったニュアンスだが、ヒストリーは「歴史」。

「調査結果」と「歴史」ではかなり違う。それもそのはず、ヘロドトス時代に「歴史」

という概念はなく、概念がなければ意味もない。

現代のギリシャ人は、人類初の歴史書『ヒストリアイ』をどう思っているのか？

誇りに思っているものの、正史と見なして教科書に載せることはない。神話は真実ではないからだ。

神話は昔、真実だった。だが今は違う。

歴史とは、科学の発達とモラルの移ろいに殺され、同時に違う歴史が誕生するのである。


ところが日本はどうだ？

恥ずかしいことに、およそ１３００年前に書かれた『日本書紀』を当たり前のように「日本史」に同化させ、そのまま現代に雪崩込んでいる。神話が、ツギハギで現代とつながっているのだ。

特徴は天皇だ。

架空の古代天皇を存在したかのように扱い、そのまま１２５人の天皇が日本史をズドーンと貫き、国の「お手本正史」となっている。

ありえないことだ。天皇が君臨した時代があり、滅ぼされ、暗殺された歴史もある。また支配者に利用されたことも、どこに行ったのやら、ないがしろにされたり、消えたりした歴史もあった。

その辺を科学的に唱えると、宮内庁はもとより各方面からも、有形無形の圧力がかかりメディアも完全無視。いやはや昨今、事態はますます盛り付けがオーバーになり、ないはずの「不敬」という言葉が、忍び足で徘徊しはじめている。

戦後の人間宣言で、ヒロヒトと普通のおじさんのように呼び捨てにした新聞もあったくらいだが、次第に天皇に統一され、いつの間にか下に陛下をつけることになった。天皇に関する限り、科学とモラルは使用禁止だ。科学で虚飾は逃げ去るものだが、この国に限っては、堂々としたものである。

我が国の歴史を語るとき、朝廷は避けて通れない。イリュージョンであろうと、支配者は皇国史観を利用し「日本史」の背骨として扱ってきたからだ。

では、天皇はどこからきて、どうやってその玉座に納ったのか？

その辺りをきっちり調べるのがヒストリアイなのだが、やっぱりダメだ。

国家を構成する肝心の国民は、長年の暗記教育が祟って、思考の仕方が分からない。

「知のエンジン」である疑問すら放棄し、「怖いから触れずにいましょうよ」「お手本は、日本書記でいいのではないかしら」というのが暗黙の了解だ。

思考能力のなさを証明する題材を「東京裁判」に求めるとこうなる。

あれを公平な裁判だと思い込んでいる人が多い。インテリほど、判決を受けた戦犯だから、靖国神社に合祀してはならないという思いが強くなる。

いったい、どこがどうなったらそうなるのか？

スピルバーグ監督の『ブリッジ　オブ　スパイ』という映画の舞台は１９５７年のアメリカだ。

ソ連のスパイを捕まえ、裁判にかけるのだが、打ち合わせの中で、判事は弁護士にこんな意味の忠告をする。

「あの男は、無罪であっても死刑だ」

世論が許さん。だから無罪でも最初から死刑は決まっている。いまさらなにをやってもムダだ、と弁護士に釘を刺すシーンだ。で、判決は死刑。実話である。

これは裁判ではない。

米国と戦ってもいないソ連相手で、こうなのだ。ましてあの激しかった大戦争直後である。アメリカの民主主義など酸欠状態、何十万人も殺した悪魔のごとき敵国日本をどう血祭に上げようか？　いきり立った全国民は裁判に釘づけだ。こうなれば、想像を絶する舞台裏となる。

日本軍隊内の協力者に、ざっくりと死刑と懲役の仕分けをさせた、名ばかりの裁判ショーだ。まったくの欺瞞である。

被害者は加害者を裁けないし、その逆も不可能だ。当事者がやったらリンチだ。だからこそ世界中の司法制度は、利害関係のない第三者である裁判官や陪審員が判決を下すことになっているのだ。

思考できない人だけが、東京裁判をフェアだと思い込み、「平和」という塹壕にこもっては、中から異議を唱える人たちに「司法への冒瀆」「軍国主義者」「右翼」という銃弾を浴びせるのである。

最近、天皇が「生前退位」を訴えたとメディアがいっせいに報じた。ところが宮内庁次長が「そのような事実は一切ない」と全面否定し、天皇の発言を封じ込めた。

はて、どちらが嘘をついているか？　歴然としている。

都合の悪いことは、嘘をついてもいい。これが官僚の感覚だ。

しかしメディアは沈黙した。国民も嘘を許している。政治家や芸能人の嘘は、あれほどしつこく追及するメディアが、「嘘をつくな」と宮内庁次長を激しく追及したという話は、聞かない。

沈黙は、公益にはならない。だが、メディアは官僚相手だと簡単に屈する。民主主義でもっとも大切な「言論の自由」と「国民の知る権利」を代弁せず、平静を見失ってしまうのである。

これが宮内庁の実体だ。天皇の発言まで、ないことにしてしまうのである。それでいて、天皇の前では深々と頭を下げるのだから、桁外れの軽業師だ。

時を遡れば推して知るべしで、書き換えようと思えば、手なれたもので、いくらでも可能だ。「正史」から都合の悪い部分をカット、あとはゴテゴテと美談で飾る創作の数々。

右も左も、メディアも……こうした科学的でない人たちが暮らす国である。

私の関心は、天皇制に反対だとか、賛成だとかの話ではなく、事実は、どうだったのか？　ただそれだけだ。

昔、なにがあったのかは分からない。そして国民には違和感と疑問がある。

疑問がある以上、小、中、高の教科書に載せることは出来ない。載せるには確信が必要で、私には、古代天皇と幕末維新史について、政府が確信を持っている理由が分からないのだ。

私は、１３００年にわたってカチカチに踏み固められた固い土を「疑問」という鍬で、耕し掘り下げた。

拡散的疑問から収束的疑問を通過して、結論を得た。大胆か、過激かは関係がない。自分に忠実に描いただけなのだが爆弾だった。騙しとうぬぼれの不死身の歴史は、あっけなく破綻した。異論はあるだろう。なければ、おかしい。ただ態度が我慢ならない、というのだけは勘弁していただきたい。私の扱っているのは歴史であって、好き嫌いの感情ではないのだから。

「歴史殺し」と言われようが、これが私のヒストリアイ、「加治史観」だ。

『龍馬の黒幕』と『幕末 維新の暗号』『舞い降りた天皇』『失われたミカドの秘紋』『西郷の貌』『幕末 戦慄の絆』の望月先生シリーズ5部作は、天皇、神社、日本史学会……胸にいっぱいギンギラ勲章を付けたあらゆる既存の権威への挑戦本だ、というレッテルを貼られることとなったけれど、気にすることはない。

情熱と愛ある者は、勇敢に死に立ち向かう、などとは決して言わないが、書店に並ぶと、思いもよらぬ人気を博し、増刷に注ぐ増刷で、今ではロングセラーとして定着している。

とりわけ政治家、財界人に熱狂的なファンが多く、各方面からひっそりと、それも内輪の講演を依頼されるが、生きていれば、いつか大っぴらにやれる日がくるはずである。

最新の視点をもって、最新の事実を吟味して描いたのが本書だ。

不老不死の歴史はない。永遠不滅の歴史もない。かくいう加治史観も、新しい科学とモラルの移ろいによって、また死にゆく運命だが、それが歴史の生命力である。

臆病で大胆、寂しがり屋で陽気、虚弱で疲れ知らずの私は、執筆で、自分の考えを存分に述べる、というもっとも贅沢な時を過ごさせていただいた。

すべての人に心から感謝。

加治将一

禁断の幕末維新史◉目次

第1章　坂本龍馬暗殺の真犯人は目の前の男だった!?

第2章
北朝から南朝へ明治天皇はすり替えられた!?

これが加治史観

明治天皇は孝明天皇の子・睦仁ではない、という数々の証拠と指摘。暴露にいたれば国が転覆するほどの陰謀「天皇すり替え」計画は本当に行われたのか⁉︎ 74

第3章 実物とは異なる西郷隆盛の肖像が広められた真相

太い眉、迫力のある大きな瞳。西郷隆盛の顔写真は教科書でもおなじみだ。精悍な中にも優しさの漂う面立ちは、いかにも「西郷どん」である　124

これが加治史観

たった一枚の写真をこの世から抹殺するため、実物とは似ても似つかない西郷隆盛の肖像画や銅像がつくられた。その背後には禁断の天皇すり替えの隠ぺい工作がある　126

第4章

皇女・和宮のすべては抹殺!?

朝廷と徳川幕府の公武合体。その象徴として政略結婚させられた和宮。総勢2~3万人、降嫁の大行列は、幕末史に残る大イベントだ　160

これが
加治
史観

ニセ写真事件、替え玉説、ありえない戒名、左手首から先が欠損した遺体……。和宮にまつわる怪事件や謎をたどると、すべて恐怖の「暗殺」へとリンクする!?　162

第5章

出口王仁三郎は有栖川宮のご落胤ゆえに弾圧!?

カリスマ教祖・出口王仁三郎、各界名士が入信した大本教団は、いかにして最大となり、壊滅していったのか? 200

これが加治史観

カリスマ教祖と大教団。
その底流にはある周知のタブーが隠されていた。
そしてそれが大本の大弾圧へとつながっていく!? 202

第1章

坂本龍馬暗殺の真犯人は目の前の男だった⁉

大政奉還を成し遂げた坂本龍馬は、倒幕運動の中心人物と目されたゆえに、新撰組や京都見廻組などの幕府勢力によって斬殺⁉

1867（慶応3）年12月10日（旧暦11月15日）の夜9時過ぎ。京都・四条大橋に近い醤油商近江屋の2階の暗がりで、坂本龍馬は刺客の手によって斬殺。その真犯人は今も謎のままだ。龍馬とともに襲われた中岡慎太郎（2日後に死亡）は、直後に現場へ駆けつけた谷干城（たにたてき）に「賊は……新撰組……」と伝えたという。それを裏づける現場に落ちていた刀の鞘。なんの根拠があるのか、元新撰組の伊東甲子太郎（かしたろう）が「新撰組のもの」とタイミングよく証言した。そしてもう一人、直後に立ち会った田中光顕（みつあき）が、新撰組行きつけの料理屋の下駄が現場に残されていた、と証言した。これらから、新撰組犯行説が歩き出す。しかし、肝心の新撰組組長近藤勇（いさみ）は「まるで知らない」とキツネにつままれたような顔で関与を否定している。

二つ目の説は、倒幕派を取り締まっていた京都見廻組（みまわりぐみ）の犯行だ。元組員の今井信郎（のぶお）が明治3年に犯行を自供した。その後、明治33年にもあらためて実行犯としてアナウンス。ただし、今井の証言はあいまいで現実味がまるでない。

教科書的解説では、倒幕の張本人として龍馬を狙った犯行だ。幕府から朝廷へ政権を返上させせた大政奉還の立役者で、大政奉還は龍馬暗殺の約1ヶ月前、11月9日（旧暦10月14日）のことである。このことから導けば、幕府勢力、すなわち新撰組や京都見廻組の犯行というのは理屈だ。

幕末の英雄のひとり、坂本龍馬。青年の夢と希望を具現化した象徴として、その人気は今も高い
提供：国立国会図書館

しかし、まるで記録がなく、殺害時の状況証拠は不可解だらけだ。検証すればするほど、これら定説には事実が歪められた不自然さが漂う。不自然さの原因を探っていくと、闇の中に驚愕の事実がぽっかりと浮かびあがってくるのである。

これが加治史観

事件現場に駆けつけた面々の偏った証言、奇怪な行動、不自然な沈黙。そこには「不都合な事実」を隠そうとする、ある思惑と強烈な力が働いている!?

近代国家ニッポンを夢にみた龍馬

坂本龍馬は根っからの革命児だ。

こうと決めたら自分の主張をまげることはない。死の恐怖を味わってもなお、軸はブレず、胆力という点では西郷も舌を巻くほどで、龍馬の右に出る者はそうそういるものではない。苦悩する時代を死にもの狂いで否定し、未来に生きた侍である。

一介の脱藩浪人。この身分で、幕末史の要所に顔を出し、存在感をみごとに見せつける龍馬。背後に英国の影が見え隠れするものの、無礼で時機にかなった仲介役を果たした薩長同盟は、倒幕勢力をまとめあげて、時代の流れを充分に加速させるものだった。

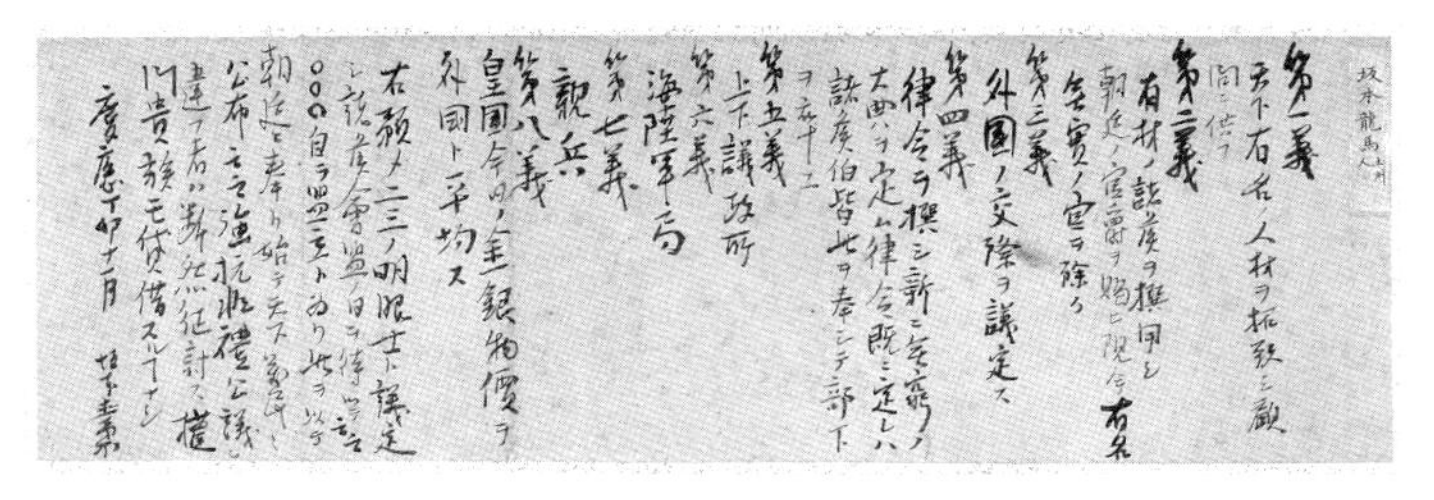
第一義
天下有名ノ人材ヲ招致シ顧問ニ供フ
第二義
有材ノ諸侯ヲ撰用シ朝廷ノ官爵ヲ賜イ現今有名無実ノ官ヲ除ク
第三義
外国ノ交際ヲ議定ス
第四義
律令ヲ撰シ新ニ無窮ノ大典ヲ定ム律令既ニ定レハ諸侯伯皆此ヲ奉シテ部下ヲ率ス
第五義
上下議政所
第六義
海陸軍局
第七義
親兵
第八義
皇国今日ノ金銀物価ヲ外国ト平均ス
右預メ二三ノ明眼士ト議定シ諸侯会盟ノ日ヲ待ツテ云々○○○自ラ盟主ト為リ此ヲ以テ朝廷ニ奉リ始テ天下万民ニ公布云々強抗非礼公議ニ違フ者ハ断然征討ス権門貴族モ貸借スルナシ
慶応丁卯十一月　坂本直柔

これが『船中八策』の原文。龍馬のめざした、近代国家ニッポンの柱となる8つの政策が記されている

『船中八策』の要約

『船中八策』の内容を要約、簡略化すると以下のようになる。英国をお手本とする、二院制の議会政治をめざしていることがわかる。

1 政権を朝廷に返す(大政奉還)
2 上下両院の設置による議会政治
3 階級を問わず、優秀な人材の政治登用
4 不平等条約の改定
5 新たな憲法の制定
6 海軍力の強化
7 首都防備の近衛兵の設置
8 通貨の整備

龍馬の描いた青写真は、最終的に無血革命に行きつく。300の藩を解体し、列強諸国に劣らないひとつの国家の建設である。1867（慶応3）年に長崎から京都へ向かう洋上、土佐藩の所有船「夕顔丸」で練られた『船中八策（せんちゅうはっさく）』には、近代国家・日本のアウトラインが示されている。

注目すべきは二院制による議会政治だ。「朝廷に政権を返したら、あとは選挙でやろうじゃないの」というわけだ。これまでの特権階級には不満が出ないよう気を配り、大名や公卿などセレブだけで上院をつくり、下院はさまざまな階級の知恵者が構成する。眼配り、気配り、金配りは折り紙付きの龍馬だが、二院制や選挙など独自にひねり出した案ではない。模範はもちろん英国。龍馬はこのとき「パークス（駐日英国公使）―勝海舟―龍馬」というホットラインでつながっており、英国関係者から貪欲に知識と情報を吸収し、たぐい稀なる才能と情熱で具現化を試みている。

倒幕派の中心人物とされ、つねに命を狙われていた

命のやりとりは日常茶飯事、周りは危険がいっぱいだ。

暗殺前年の1866（慶応2）年3月9日（旧暦1月23日）、旅館寺田屋（現在の京都市伏見区）、伏見奉行所の捕り方に急襲された龍馬は、ピストルを撃ちまくって難を逃れている。入浴中の龍馬の女、お龍（りょう）がすっ裸のまま裏階段を上がって危急を知らせた、という色っぽいシャレ話は有名だ。

なにしろ時代は一触即発の乱世。人斬りの有象無象が京都を徘徊し、どこから凶刃が飛び出してくるかわからない。龍馬は武士だ。実戦も重ねている。四六時中警戒していたはずだ。大政奉還が成り、野望が射程内に入った。だが、相反（あい）する「倒幕の密勅（みっちょく）」が出た。これは武力革命である。龍馬の耳にも入っている。ヤバイ！　だからボディガードを雇い用心に用心を重ねていた。それでも龍馬はドジを踏み、刺客を防ぎきれなかったのである。なぜか？

思考の基本は質問である。

「もし、～だったら？」

この問いなくして、謎には肉迫できない。

「もし、犯人が警戒をゆるめる人物だったら？」

そう、暗殺の成功率はぐんと高くなる。
事件の詳細な検証に入る前に、そこへ至るまでの龍馬の足跡を私なりの視点でたどってみることにする。教科書や小説で紹介される龍馬像とは異なる加治史観だ。歴史の表舞台には浮かんでこない驚きの事実に、いつの間にか、夢に恋する龍馬が邪悪な闇の渦に呑み込まれてしまったことがわかるはずである。

●──坂本龍馬はスパイだった⁉

龍馬は土佐藩郷士（ごうし）の生まれだ。郷士とは苗字、帯刀は許されるが、藩からの禄（ろく）（手当）はない。農作業や商売、自ら稼ぐいわば自給自足の最下層の武士である。

浦賀にペリーが来航した１８５３（嘉永６）年、龍馬の人生が動きだす。一般には江戸への剣術修行の願いが許された、とされている。１年で土佐へ戻った龍馬は、その２年後に再び江戸へ剣術修行に出向く。しかし、５年かけて得たのは薙刀（なぎなた）の初等科の免状だった。それが本当ならあまりにもショボく、まじめに剣の稽古に励んだとは思えない実績だ。剣術習得が目的だったのか？　私の見方は違う。

そもそも下級武士から藩へ、剣術修行の願いなど出せるわけはない。また藩が、それを許すなどもありえない話だ。封建時代の身分制度は厳格である。では何のために江戸へ行ったのか？　藩命、ずばり諜報（ちょうほう）活動だ。潮流の変化、どの藩も生き残りをかけた情報収集にやっきになっている。幕府、外国の動き、他藩の思惑、不穏な巨大都市江戸の空気……。土佐藩に限ったことではない、どの藩も多くの密偵を江戸に放っている。龍馬もそんな密偵のひとりとして、江戸の町を必死で歩き、探っていたのである。

有名な剣術道場には、全国から優秀な侍＝密偵が集まっている。優秀な密偵は、優良な情報を持っている。互いに同じ任務をもつスパイたちだから、最新情報の宝庫となる。龍馬が千葉道場に入門したのはスパイとして正攻法だ。

私塾への入門や有名学者の門を叩くことも目的は同じ。アナーキーな佐久間象山（さくましょうざん）塾へ入門する龍馬。これだって脱藩浪人が入門できるわけはないので、かなり上筋の紹介状とカネを持ってきている。そこには同郷の中岡慎太郎、長州藩で大注目の高杉晋作などが集まっており、ご意見番の吉田松陰やエスプリに富む勝海舟などもいた。いずれも

佐久間象山は幕末の思想家で、吉田松陰、勝海舟、河井継之助など、優秀な人材がその門を叩いている。幕末の動乱期に与えた影響も大きい
提供：国立国会図書館

幕末史に名を残す開明派だ。ここでの交流が若い龍馬を触発した。

2度目の江戸行きで、眠っていた潜在能力が目覚め、運命を変えていく。新世界との接触、凡人的スパイから脱皮しはじめる龍馬。江戸にいた過激派のボス武市半平太と頻繁に交わり、世界が輝きはじめる。武市は土佐藩士で6歳年上、龍馬の親戚だ。さらに蘭学者や諸藩の反幕勢力と接近、次第に倒幕勤皇思想が満たされていく。

「幕府を倒して天皇を戴く」

「尊皇攘夷」である。新感覚の「ソンノー・ジョーイ」は、自由を奪われ、不満を発散できない下級武士の抗うつ剤となっており、龍馬も参加する武市の土佐勤王党の誕生である。

脱藩浪人という身分は、諜報活動の隠れ蓑

秘密結社「土佐勤王党」の旗上げは1861(文久元)年だ。龍馬が中心となって働きかけた結果、党員数192名と膨れ上がり、一大勢力と化す。しかし翌年、龍馬は脱藩して土佐を後にする。なぜか?

一般には「龍馬は青雲の志にかられ、自由な身になって、見聞を広めるための旅に出

武市半平太(写真上)は龍馬の親戚であり、よき理解者、同士でもあった。龍馬の脱藩は、当時の土佐藩主・山内容堂(写真下)も承知の上での行動だった

た」というのが理由だ。

そんなアホな。

厳格な武家社会で青雲だとか、自由だとか、そんなチンタラが許されるわけはない。脱藩は重罪だ。本人はおろか、その家族にまで刑罰が及ぶ。しかし、脱藩龍馬の家族にお咎めがあった、という話はない。もちろん、龍馬が罪を犯して逐電(ちくでん)したとか、貧困のため藩や家を捨てた、という事実もない。その後も龍馬はあちこち動き回り、姉の乙女へ自由に手紙を送っている。

幕末に活躍した志士の多くが脱藩者だった。が、やはりほとんどその家族に累が及んでいないのはなぜか？

そこから考えると、つまり藩による密命しかない。脱藩はあくまで他藩に対する見せかけだ。

裏では、土佐の大殿、酒と女を愛す山内容堂とつながっているのだが、それを隠して、他藩に情報を流すふりをして相手を探る二重スパイ。こう考えるのが自然だ。

天下は二分されている。

天皇+幕府＝幕府強化の「公武合体」か、あるいは天皇+倒幕勢力の「勤皇」か。全国の藩主同様、土佐藩の大殿、山内容堂も迷っていた。藩の命運がかかっている。より多くの情報が欲しい。

このとき、頼りになるのがスパイだ。テレビ、ラジオ、新聞のない時代、日本は藩という垣根で隔離されている世界の集まりだ。情報はゼロに等しい。

他藩では「公武合体」か「勤皇」の、どちらが主導権を握っているのか？　その顔ぶれは？　今後の動きは？　外国勢は？　勝ち馬に乗りたい！　喉から手が出るほど聞きたい情報はゴマンとある。が、耳にするもののすべてがウサンくさい。

しかも諜報活動にはリスクが伴う。他領地へ入り込まなければならず、捕まれば取り返しがつかない。都合のいいのが身分の低い脱藩者だ。仮に露見しても「わが藩とは何の関わりもない、なんなら処刑してかまわんけど」と切り捨てオーケー。

龍馬は郷士だ。当時の多くのスパイがそうであったように、下層の武士であり、したがって命も軽かった。いわば出発点は捨て駒だったのである。

寺子屋はスパイ養成所だった

江戸時代、雨後のたけのこのように全国に寺子屋が発生した。ＴＶなどでは日本人が教育熱心だったからだ、と美化するが、悪い冗談だ。はっきり言えば身も蓋(ふた)もないが、寺子屋はスパイ養成所だった。

スパイには何が必要か？　そう、「読み・書き・そろばん」だ。これができないとせっかく手に入れた敵の書類がチンプンカンプンだ。状況や情報を分析し、書いて知らせることもできない、基本的な計算もできなければクソの役にも立たない。

ところが、上級武士は子どもをスパイにさせたがらない。危険だからだ。で、幸せに慣れていない下級武士の子弟の出番となる。捕まっても、すぐに補充できるよう、スペアは多い方がいい。「生恥を晒(さら)すより腹を斬れ！」と洗脳し使い捨てる。寺子屋が身分の上下に関係なく募集したというのは、日本人がすぐれていたとか、平等主義だったとかではなく、藩の都合だ。

見どころがある子どもがいると、寺子屋から藩校にグレードアップさせるのも、上級スパイ養成のためで、なにごともお家大事である。

寺子屋以外にも私塾があった。むろんこれも諜報予備軍の育成という役割を担っている。有名なのは松下村塾（しょうかそんじゅく）だ。高杉晋作、山県有朋（やまがたありとも）、伊藤博文（ひろぶみ）など、後に龍馬とも交わり、明治政府を牛耳った志士を多く輩出した長州（現在の山口県）の私塾である。塾長はエキセントリックな吉田松陰。この塾には「耳を飛ばし、視線を長く延ばす」という「飛耳長目（ひじちょうもく）」と銘打ったノートがあった。

江戸時代、多くの寺子屋があったのは、勤勉な日本人や平等主義の象徴ではない。各藩のスパイ養成機関としての役割が大きかった

江戸や京都の情勢がこまかく記録され、今でいえば新聞やタウン誌に近い。塾生たちは単に「読み・書き・そろばん」だけではなく、情報の価値と重要性を叩き込まれている。だからこそ耳を飛ばして目を長くする「飛耳長目」というへんてこな四文字熟語を造って、「いろいろなところへ行って聞け！　見ろ！　特ダネを拾ってこい」、つまり「スパイをしろ」とシリを叩きまくっていたのである。

お家安泰のためには、幕府、他の藩の動向をさぐらなければならない。必須である。そのためにはなりふりかまわず、いいスパイを確保する。

身分の低い層にはチャンスだ。うまくやれば、犬のようなドン底の暮らしから脱出できるのだ。事実、幕末から維新のどさくさで、こうした境涯から「位人臣（くらいじんしん）を極めた」人物は多い。長州藩の足軽（最下層の武士）だった伊藤利助が、後に日本の頂点、内閣総理大臣・伊藤博文となった例はその最たるものだ。

ここでひとつ注目したいのは、こうしたシステムによって生まれたスパイたちが、自分たちの雇主だった雲上人（うんじょうびと）の偉い人をぜんぶ従わせ、世にも稀なるかつての下級身分層が君臨する大革命を成就させたことだ。これは寺子屋や私塾の教育の賜物かもしれない。

●──中国の食客制度をならった寺子屋

若干ニュアンスは異なるが、下層階級をも利用するという寺子屋に似たシステムは、はるかなる古代のシナ、秦の始皇帝（紀元前２５９〜２１０年）の頃にあった。いわゆる「食客（しょっかく）制度」だ。

「飲み食いと寝床を提供しますよ」ということで、中国全土から知恵者を1000、2000人単位で集める。細工は上々、優秀な人材が吸い寄せられるように中央に集まってきた。

だからといって貧しくて学べない人を援助するとか、優秀な人材を育成する慈善事業ではない。真の狙いは、遠く陸地の隅々にいたるまでの情報収集と集まった人材をスパイに仕上げることだ。当時の中国には500とも600ともいわれる言葉（言語）があり、国土も広大で情報集めは至難の業だ。そこで、むこうから進んでやってくるように「異国者、他国者大歓迎！」「食べ放題、飲み放題！」で釣ったのである。さすが大陸、スケールがデカい。

地方の王は誰か、その弱点はどこか、民は満足しているか、富はどこに隠されているのか、金持ちの名前、……中には己の主君にイヤ気がさして逃亡してきた者もいて、リベンジよろしくしゃかりきになって情報をしゃべりまくる者もいる。

現地語を話すスパイを仕込んで現地に戻す。真実味に欠けるものは排除し、真実だけを手堅く分析する。現代はTVやネットで一瞬にして世界が見えるが、昔はこうした骨の折れるやり方で細かく掻き集めなければならなかったのである。しかしこの「情報」こそ、黄金に匹敵する価値を持っていたのだ。

階級を問わず子弟を集めた日本の寺子屋はスケールこそぐっと小さいが、その発想は同じである。

◉――勝海舟との出会いが龍馬の人生を決めた

話を龍馬に戻そう。

脱藩後の龍馬は江戸、京都、長崎…西へ東へ八面六臂の活躍、顔もしだいに売れてくる。初期のころから、龍馬の人生に大きな影響を与えた人物がいる。勝海舟だ。言わずと知れた徳川幕府の切れ者。幕府諜報畑を歩いてきた腕ききのスパイだ。活躍の皮切りは得意の蘭学を生かしての対外国諜報活動である。

ふたりの出会いは龍馬脱藩の年、１８６２（文久２）年。記録によれば、福井藩主・松平春嶽（まつだいらしゅんがく）の紹介状をもって龍馬が勝を訪ねている。

この記録で驚くのは脱藩下級武士がいきなり、他藩の殿と面会するという荒技だ。こんなことは土佐の大殿、山内容堂の紹介状でもなければ不可能だ。すなわち龍馬は大殿直々のスパイだという証拠だが、世の歴史学者は信じられないことに、この事実をさらりと流している。

龍馬はすっかり勝の考え、人柄にイカれた。「私はスゲー勝先生の弟子に入門しました」とわざわざ姉の乙女に書いた手紙が残っているほどだ。勝も龍馬の素質を見抜き、懐(ふところ)に取り込む。二人の絆。それは龍馬の死が、ふたりを別つまで歩調を合わせて行動したことをみても明らかだ。

勝海舟と松平春嶽。この二人も幕府の先進的な開明派で、ここに龍馬が加わり「春嶽

勝海舟(写真中)のもうひとつの顔は、幕府の優秀な外国担当諜報員でもある。松平春嶽(写真上)と勝は先進的な気風で息が合った。やがてここに龍馬が加わりホットラインが結ばれる

―勝―龍馬」のホットラインができあがる。

龍馬暗殺当時、勝は幕府の中枢にいた。勝と龍馬と将軍が目指した徳川温存、大政奉還がスベリ込みセーフで成功した直後、情勢は逼迫(ひっぱく)。とうぜん龍馬は勝による庇護の下にある幕府側のＶＩＰだ。なにせ龍馬の大政奉還路線があって、はじめて徳川が生き残れるのだ。そんな龍馬が幕府の組織、新撰組や京都見廻組に命を狙われるだろうか？　喧嘩にもなりやしないと思うがどうだろう。ここにも、犯人捜しの重いポイントがある。

龍馬は幕府と土佐藩の二重スパイとして活動した

スパイという言葉がもつ陰湿なイメージ。龍馬や勝に対して、しっくりこないかもしれない。しかし、それは現代人の感覚だ。江戸時代という箱の中で、すべての侍は心には忠義という刃を宿し、「藩は偉大なり！」「お家大事！」の情熱を持って死の恐怖を追い払いながら暮らしており、殿様のためならホームだろうがアウェーだろうが殺しでもなんでもする。

龍馬はもともと土佐藩のスパイ（隠密）としての任務ももっていた。その後、勝の子分として幕府のための諜報活動にも関わっていく。つまり龍馬は二重スパイ（ダブルエージェント）だ。いや三重かもしれない。

スパイであることを隠さず、ダブルエージェントであることすら、なかば公言して活動するスパイ。現代でもその役割を担うスパイがけっこういるが、人に胸襟を開かせるのがうまく、豪胆なタイプだからできる芸当だ。

1864（元治元）年、幕府は軍艦奉行・勝海舟のアイディアで神戸海軍操練所を設置。目的は幕府の海軍力育成だ。むろんそれも重要だが、しかし、その裏で行われていたのは激しい諜報合戦である。戦艦の操縦技術を教わりながら、外国人教官と親しくなって情報を集める。外国から技術を学ぶ場ならば、どんなところでも、諜報活動の場となる。今でも先端技術工場には各国のスパイが群がるが、同じだ。勝はこの操練所のトップにおさまり、龍馬はその筆頭門下生となった。

この年、ふたりが揃って長崎に現れる。一般には外国艦隊長州下関攻撃の調停役として抜擢された、と言われている。しかし、たかだか神戸海軍操練所という一機関の人間が、幕府を代表して外国との戦争調停役を仰せつかるなど違和感がある。通常ならば外国奉行の仕事だ。外交儀礼にも反する。諸外国代表部のある横浜で行うのが礼儀だ。長州藩には江戸屋敷もあり、話し合いなら幕府の目が届く江戸でいいではないか。

そう考えていくと、ふたりがわざわざ長崎へ赴いたのは、幕府の密命、諜報活動だと推測できる。朝廷を取り込もうと孝明お気に入りの攘夷下関戦争をやらかしちゃった長州藩は何を目論んでいるのか？　長州にちょっかいを出すグラバーや英国の思惑は？　長崎での探索は山ほどある。優秀な諜報員でなければ務まらない重要な任務だ。

このときすでに龍馬は勝の片腕だ。押し出しの良さは折り紙付き、頭の回転も早いし、カネをつくるのもうまいし、弁も立つ。大胆な勝と龍馬はピッタリと息を合わせ、開国へと進んでいく。龍馬暗殺まであと3年である。

幕末維新の傑物・勝海舟には血が通っている

私は、勝海舟が一番好きだ。幕臣でありながら、苦悩する暗い時代を拒否して、己の住処(すみか)、幕府を壊してゆく。アナーキーだが温(あ)ったかい。ひょうひょうとしたとぼけ顔で、たくみに未来を見据えている姿なんぞ男として魅力的だ。

めげない、媚びない、恨まない。私が理想とする三大精神を持ち、徳川幕府の幕引きをした人間なのに、明治新政府になると今度は最後まで逆らって、旧幕臣や疎じられた志士たちの話を聞き、あるいは戊辰に散った志士たちの鎮魂を忘れず、子孫たちの面倒までもみた。西南戦争の時には、国賊となった西郷隆盛もかばっている。違うと思ったら天下国家をも敵に回す大胆さだ。今の政治家に爪のアカでも煎じて呑ませたい。西郷の死後、偉大なる亡友のために男泣きの歌を詠んでいる。

「ぬれぎぬを　干そうともせず　子供らが
なすがまにまに　果てし君かな」
勝海舟

泣ける歌だ。勝海舟には愛の血が通っている。
表と裏の顔も使い分けた男だが、冷酷や怜悧といったイメージはまるでない。
勝の息子の嫁はアメリカ人のクララだ。彼女が日記の中で勝のことを「すごくチャーミングだ」と書いている。

勝にまつわる温かい逸話をひとつ。

龍馬の妻、お龍の話だ。龍馬が死んだ後、お龍は生活能力がなく、どうにも生活が立ち行かなかった。龍馬の姉を訪ねるが、お龍のキツイ性格がたたって体よく追い出されてしまう。どこへ行っても長くは居られない。昔の龍馬の仲間が面倒を見ようとするが、自分が龍馬だ、といわんばかりの態度でどうにもムカつく。

龍馬の恋女房、お龍さんの晩年は不遇だったといわれている

龍馬が生きている時から、評判が悪かった。だから明治の時代になって出世した元海援隊はいても、彼女を援助しようという隊員はいなかった。高知もダメ、京都もダメ、東京もダメ……点々渡り歩くお龍。
そんな彼女が流れ流れて、ある料亭の仲居として働いていた。そこへ、どこで聞いたのか、勝がひょっこりとあらわれる。面識があったのだろう。優しい声を掛け、彼女にいくばくかのおカネを渡した。

「なにかの足しに……」

お龍は明治時代の雑誌のインタビューに「みんな嫌なやつばかりだったけれど、勝さんと西郷さんだけは腹の底から優しくしてくれた……」と語っている。勝のやさしさが沁みる話である。

尊皇攘夷、公武合体。もうひとつ極秘の派閥が存在した!?

迫りくる黒船。弱腰の幕府は足元を見られ、反体制派外様大名が攻勢にでる。

外国船を打ち払え！　開国反対！

異人嫌いの孝明（こうめい）天皇を利用しての揺さぶりである。「攘夷！」「攘夷！」の嵐で始まった幕末の混乱は、時とともに少しずつスローガンが変わっていく。お題目は頭に「尊皇」がついて、「尊皇攘夷（そんのうじょうい）」だ。天皇を敬い、外国人をブッ飛ばす。あっという間に全国区の流行語大賞。この流れに下級武士、食い詰め浪人、虐げられてきた貧乏人の不満が同化、反幕府の大きなうねりとなる。腹が減るのも、カカーが不機嫌なのも、ぜーんぶ「ソンノー・ジョーイ」をしない幕府のせいだ。幕府が悪い。

このままではまずいと判断した幕府は、自分たちも「尊皇」を掲げはじめる。両勢力から「尊皇」と言われ、にわかに脚光を浴び、主役に踊り出たのが朝廷だ。それまではまったくの無名。朝廷って何？　天皇って何？　くらいの感覚だった。

たしか……狭い京都の一角で幕府に食わせてもらっているのが天皇だよね。

それが、急に時代の表舞台に立ったのである。公家たちも身辺があわただしくなる。幕府と反体制派の取り込み買収合戦。いわゆる「京都手入れ」、天皇争奪戦だ。どちらが天皇を囲うかがポイントである。

　で、朝廷は幕府を選び、手を結び「公武合体」路線をチョイスする。

「朝廷と幕府で手を携えて国難を乗りきりましょう」というわけである。幕府の作戦はアッパレにも効を奏し、しばらくは「公武合体」派が盛り返す。

　ここまでが教科書や小説などでよく目にする、幕末史の流れだ。しかし、単純なことではない。不滅の政治などあるわけはなく、生まれてはどんどんと死んでゆく。薩英戦争や馬関戦争で外国勢力の実力を思い知った薩摩や長州は、秘かに攘夷を捨て英国にグラリと傾いたのである。表看板は「尊皇攘夷」のままだが、本音は「親英倒幕」となる。

二大勢力とは別の勢力が大きくなりつつあった

二大勢力

尊皇攘夷派
（薩摩藩、長州藩など）
天皇を尊び、外敵を排斥する

公武合体派
（幕府、孝明天皇など）
朝廷と幕府（諸藩）が協力して、幕藩体制の再強化をはかる

↓

親英倒幕派

↓

第３極
反孝明＝南朝崇拝の秘密結社
（岩倉具視、大久保利通、桂小五郎など）
ここで南朝天皇へのすり替えが計画されていた

思いどおりにならない孝明天皇を退場させ、使い勝手のいい天皇に替えようと企む
岩倉具視（左）と大久保利通（中）、桂小五郎（右）
提供：国立国会図書館

当時の史料、状況証拠、明治以降の官制正史の矛盾を考慮すると、歴史の表舞台には決して出てこない「親英倒幕」の第三極の存在がはっきりと認められ、固く封印されたある重大な計画が水面下で進んでいたのである。

ビリビリと封印を引きちぎれば、中から出てくるのは「天皇のすり替え」だ。

いきなりこんなことを述べると、真実味に欠けるヨタ話に聞こえるはずだ。しかし、しんぼうして、もうすこし読み進んでいただきたい。歴史の回り舞台がぎこぎこと回り、読者の前に、支配者たちが必死に隠していた真実が現れるはずである。

結論を言えば、彼らのやったことは自分たちの言うことをきかないならば将軍だろうが天皇だろうがトップの首をすげかえろ、という合理的な教えにもとづいている。孟子の「湯武放伐論（とうぶほうばつろん）」だ。能力がなく天命に見放された君主はただちに取り替えるべし、という思想で、長州の大先生・吉田松陰や、革命の案内人横井小楠、薩摩のスターリン大久保利通も唱えている。

外国人嫌いで「外国と戦争をしろ」の一点張り、やっかいな北朝の孝明天皇を排し、代わって自分たちの思いのままになる南朝系少年の天皇を戴（いただ）く。南朝復活の驚天動地の陰謀である。この陰謀を見破れなければ幕末史がコッケイな道化史となる。詳細は2章にゆずるが、この秘密結社の暗躍が、龍馬暗殺につながってくるというのが私の持論である。

よく知られる龍馬暗殺事件のあらましと矛盾

ここからいよいよ、龍馬暗殺の真犯人に接近する。どうか、読者のみなさんも名探偵ポアロになって推理していただきたい。

龍馬暗殺事件については、まともな記録は存在しない。そこで状況証拠、複数の証言、『龍馬関係文書』から当夜の様子を再現してみよう。『龍馬関係文書』とは、大正15年に土佐出身の岩崎鏡川が編纂した書物で、おそらくこれが一般によく知られる龍馬暗殺事件のあらましである。中

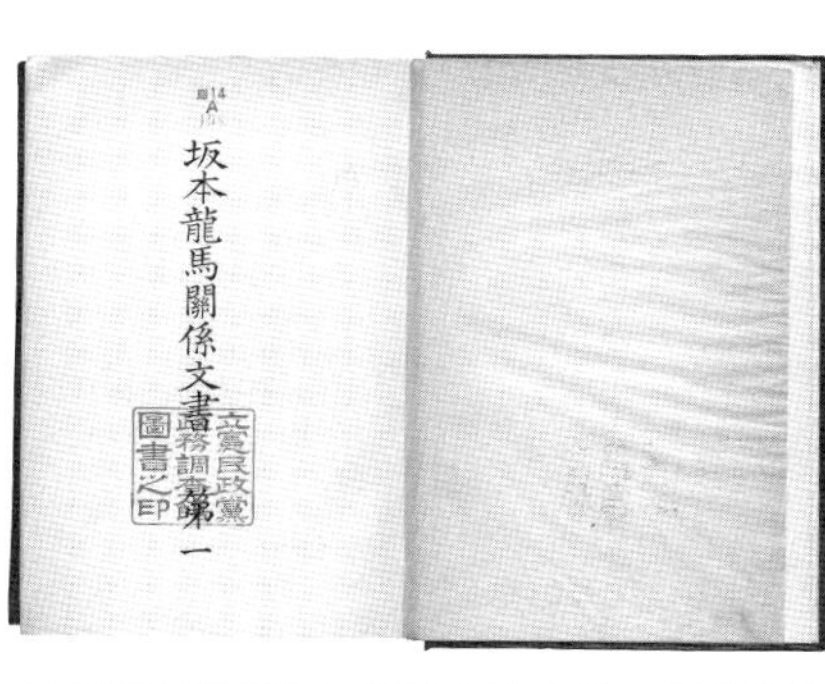

岩崎鏡川が編纂した『龍馬関係文書』。信憑性はけっして高いものではない
（国立国会図書館蔵）

身は怪しげな口伝や証言を集めたもので、信用性の高いものではない。事件から約60年が経過して、すでに生き証人もいない頃の代物だという点で、すでにダメだろう。

■一般的な犯行状況再現

1867（慶応3）年12月10日（旧暦11月15日）。同じ土佐藩の中岡慎太郎と岡本健三郎が近江屋に龍馬を訪れる。午後9時過ぎ、風邪気味の龍馬はシャモが食べたくなり、たまたま立ち寄った出入りの本屋のせがれ峯吉をシャモ買いに出す。それを機に岡本も近江屋を出たので、2階奥の八畳間に龍馬と中岡、表の八畳間にボディガードの力士藤吉が残った。一階には近江屋の家人がいるだけである。

時間が経過。階下の声に気付いた藤吉が、ドシドシと階段を下りて木戸を開ける。そこにいた武士が「十津川の者だが、坂本先生にお目にかかりたい」と名刺を差し出す。十津川郷士は南大和（今の奈良県）・十津川郷の下層武士集団だ。根っからの尊皇郷士で、中岡慎太郎ひきいる陸援隊にも50名ほどが入隊している。

藤吉は中岡の身内と感じて、名刺を取り次ぐ。藤吉が階段まで戻ったとき、いつの間

一般に知られる犯行状況（近江屋の見取り図）

賊は2階手前の六畳間を通り、奥の部屋で談合する龍馬と中岡を襲撃した。状況的にも、時間的にも、剣の使い手のふたりが賊に気づかず、応戦態勢に入っていないのは不自然だ。

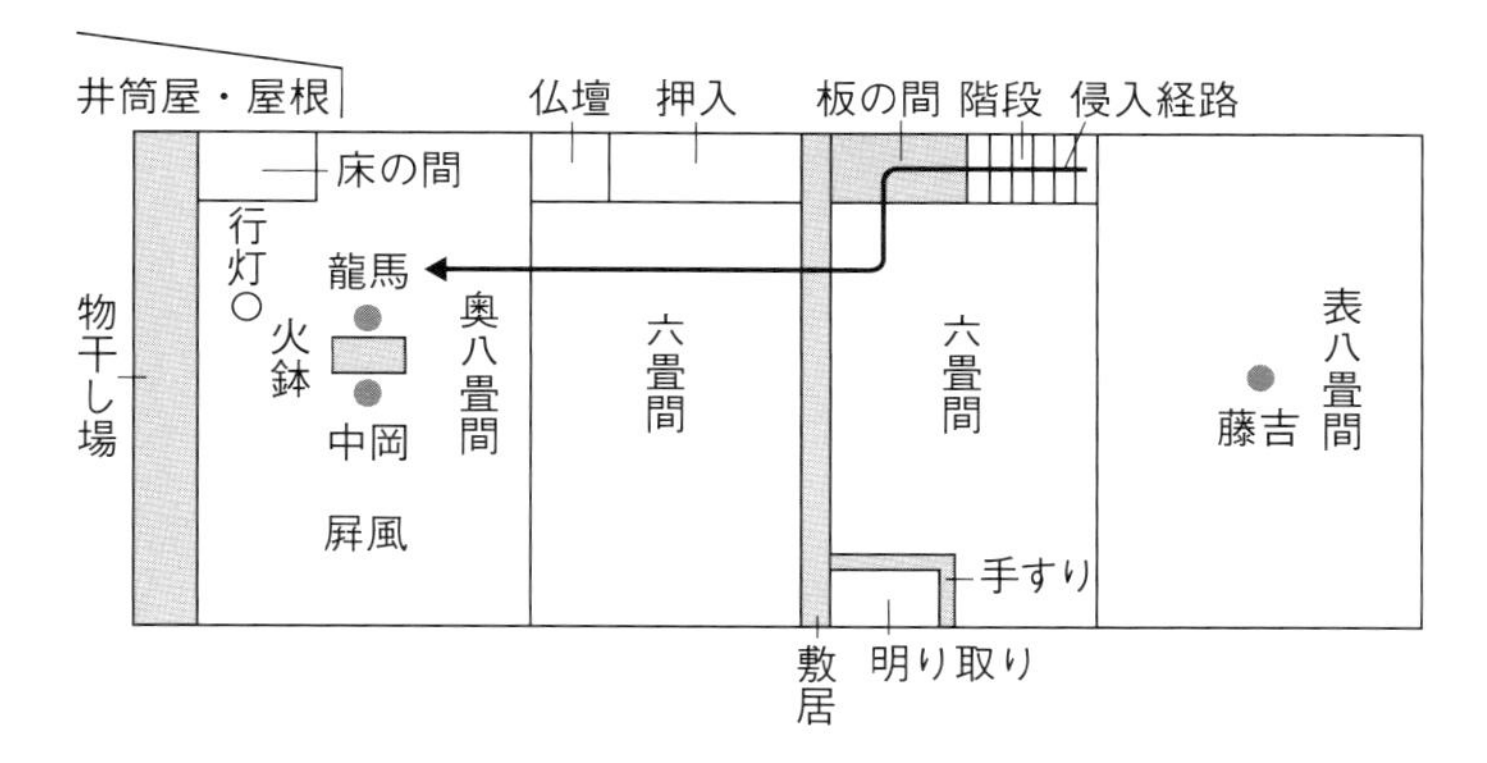

谷干城は西南戦争で、熊本城攻撃の指揮をとったことで知られている。宮内省畑の政治家で、学習院院長などを歴任した。谷が瀕死の中岡から聞いた話は本当なのか？

にか2階へ上がった先ほどの侍が背後からいきなり斬る。藤吉の倒れる物音に、龍馬は「ホタエナ（土佐弁で騒ぐな）」と怒鳴ったという。そこへすかさず、ふたりの刺客が姿を現す。

ひとりは「コナクソ」と叫びながら中岡の後頭部へ斬りつけ、もうひとりが龍馬の前頭部を狙って横に刀を払う。体をよじって刀に手を伸ばそうとした龍馬の背後から二の太刀が振り下ろされる。その後、三の太刀が龍馬の頭蓋へ。中岡も小刀で応戦したが無数に斬り込まれる。

刺客が去った後、龍馬は助けを呼ぼうとしたのか、体を引きずって隣の六畳間まで這ったところで力尽き、中岡はもうろうとしながらも、隣の井筒屋の屋根までたどり着いて、2日後に息を引き取る。

以上が一般的な龍馬暗殺事件のあらましだ。

この惨劇を聞き、目の前の土佐藩邸から真っ先に駆けつけたのは谷干城だ。谷は息もたえだえな中岡の口から「賊は……新撰組……」と聞いた。さらに中岡は「襲撃犯は2名」「名刺は十津川郷士のものだった」とも語ったらしい。

土佐藩邸前の近江屋へ、大胆に押し込む幕府側の刺客がいるか⁉

すぐに「おかしいな」と感じるのは場所だ。

近江屋は土佐藩お抱えの醤油問屋で、土佐藩邸とは通りをはさんでほぼ向かいにある。何か異変があれば、10秒もしないうちに土佐藩の武士たちが雪崩のごとく殺到できる距離だ。

時はまさに幕末、緊迫の度合いも最高潮だ。明日にも薩長が兵を挙げる、土佐が動く、と囁かれ、各藩も臨戦態勢で詰めている。とうぜん縄張りでは、巡回を強化し、見張りの人数を増やすなど、土佐藩の警備も相当に厳しい。はたしてそんなところに近寄る幕府側の刺客がいるだろうか?

もし龍馬の命を狙うのであれば、アホでないかぎり料亭へ呼び出すなど、アウェーへおびき寄せるはずだ。龍馬は多くの修羅場をくぐってきている。危機管理能力は高く、

近江屋と土佐藩関係場所の位置関係

近江屋は、土佐藩邸の目の前にあった。薩長土の倒幕勢力三角地帯の真ん中だ。ここへ襲撃をかける幕府側の賊がいるだろうか？

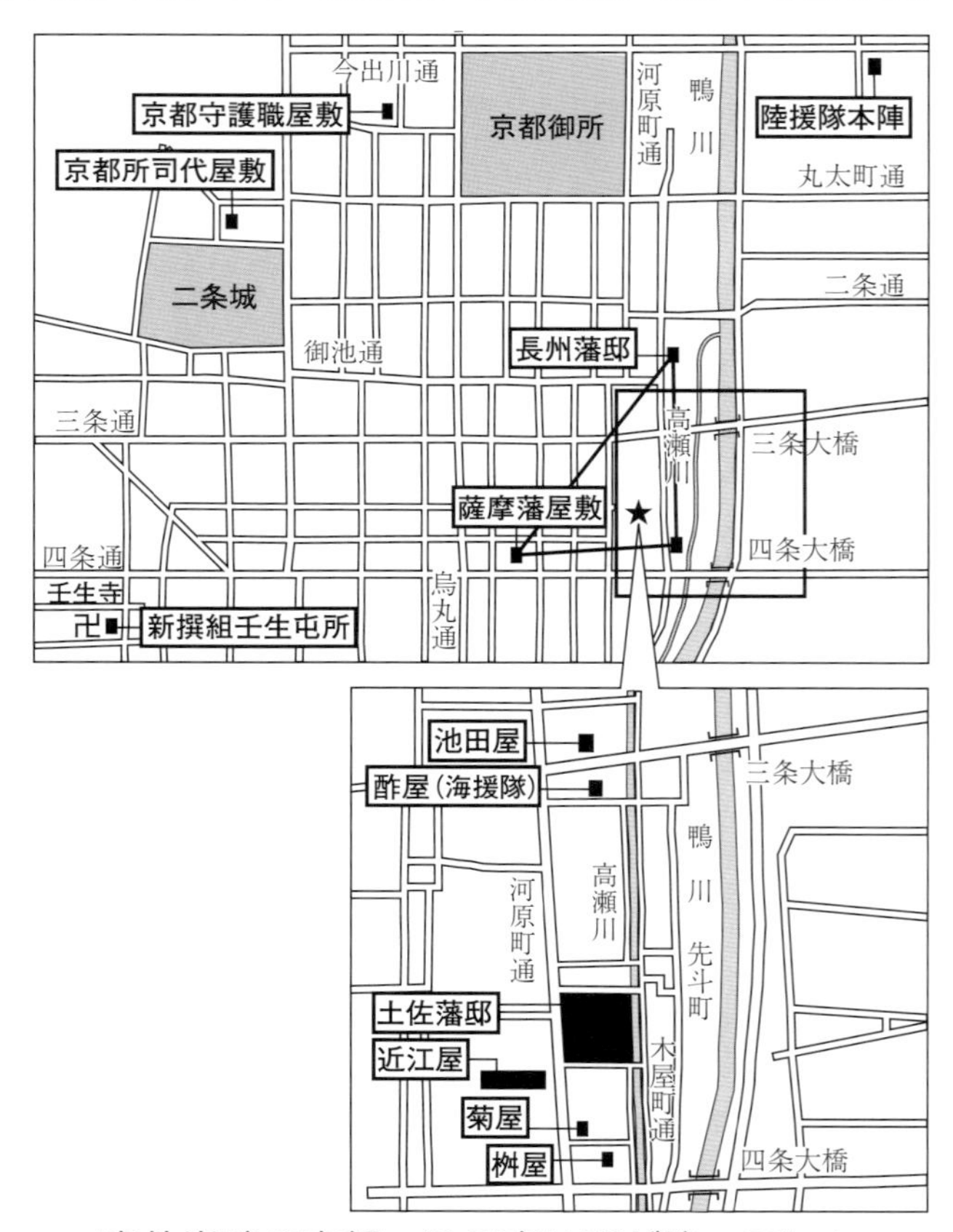

事件当時の京都、その夜は雨が降っていた

峯吉は惨劇を知り、白川（現在の京都大学付近）の陸援隊本陣に馬を駆って走ったという説がある。夜10時の闇夜、しかも雨が降るぬかるみの中で可能だろうか

警戒レベルもマックスだ。ピストルも脇に置いてある。こうした状況証拠からして新撰組や京都見廻り組の近江屋突撃はおかしいし、また大政奉還で徳川に味方した龍馬を暗殺する動機もない。ポアロなら2つの点であり得ないと思うはずである。

●偽装の中岡の証言と遺留品

当初、まっ先に疑われたのは新撰組だ。谷たちの証言、刀の鞘と下駄を真に受けてわっと飛びついたのだが、しかし、一〇〇歩譲って大局の読めなかった新撰組の仕業であるならば、犯行声明を出すのが普通だ。何故なら大変な手柄だからだ。

土佐藩の海援隊と陸援隊の大物をとったのだ。これが世に広まれば新撰組の名声が上がり、好待遇も期待できる。ところが新撰組はそんなことをするわけはない、と犯行をきっぱりと否定。まず、ここが不自然だ。

後に捕らわれた元新撰組組長の近藤勇も、裁判で「龍馬は、おまえたちがやったのか」と聞かれ、「まったく知りません」と怪訝(けげん)そうな顔で否定している。

もう一度、新撰組犯行説を裏づけた遺留品を検証してみよう。

ひとつは犯行現場に落ちていたとされる臘色(ろういろ)の刀の鞘(さや)だ。これを見た元新撰組隊士の伊東甲子太郎が「それは新撰組のものだ」と証言したという。伊東自身はこの3日後に新撰組に殺されて、その信ぴょう性は宙に浮いたままだ。近江屋に急行した土佐藩士の田中光顕も「鞘はあった」と言ったようだが、首をひねりたくなる。

一連の話が本当ならば、刺客は龍馬と中岡をあっという間に片付けた手練れだ。それほどの冷静な刺客が、大事な鞘を現場に落としていくだろうか？　もし鞘のないまま表へ出れば、血のりのついた白刃をさらした異様な姿で町を歩くことになる。目の前は土佐藩邸だ。巡回や警護の目があちらこちらにある。そう考えていくと、抜き身で逃走するドジな刺客など到底考えられない。

もうひとつの有名な遺留品は下駄だ。新撰組行きつけの料亭「瓢亭」の焼き印が入った下駄。事件翌日、近江屋の主人・井口新助が下駄を持って先斗町の瓢亭まで足を運び、間違いのないことを確認したというのである。この話は新助の息子が、子どもの頃に父から聞き、前述した岩崎鏡川が、その息子からまた聞きして『龍馬関係文書』の中で紹介している。本当だろうか？

下駄は、大正15年になってひょっこり登場した「遺留品」ではなかろうか。私はこうした遺留品は、すべて仕込まれた置物と考えている。士道不覚悟(しどうふかくご)、鞘を落とし忘れる刺客はいないと思うし、通りを歩けば音がうるさい下駄を履く刺客も想像できない。私は初めから鞘も下駄も現場になかった、と考えている。新撰組の犯行に仕立てるための臭い偽装工作だ。すべては事件直後の真相を隠すための偽りである。

●――もうひとつの定説。元京都見廻組・今井信郎の自供は矛盾だらけ

箱館戦争で降伏した今井信郎が、明治3年の裁判において「龍馬暗殺は見廻組の佐々木只三郎とその部下が決行した」と証言した。今井自身は階下で見張り役をつとめたという。

そしてそれから30年が経過した明治33年、今度は雑誌『近畿評論』に今井信郎のコメントが載った。題して「今井信郎氏実歴談」。今井はここで自分が龍馬を殺した本人と主張した。かつては見張り役だったのに今度は斬ったと語り、チョイ役から主役へと華麗なる変身だ。この一点をみても、今井の証言はホラだ。

■やっぱりデタラメな今井信郎証言の犯行状況再現

近江屋の玄関口で「松代藩のものだが」と4人の刺客が龍馬のボディガード藤吉に告げる。藤吉の後を今井たちが続き、2階へと上がった。

手前の六畳間には書生が3人。次の間では机を挟んで龍馬と中岡慎太郎が向かい合っていたと証言。

刺客のひとりが「坂本さん、しばらく」と声をかけると、龍馬は「どなたでしたかねえ」と怪しむこともなく答えた。にわかに書生たちがざわつき出すと同時に、今井たちが龍馬に襲いかかった。間髪を入れずにもう一太刀。ウンとうなって龍馬が倒れた。続けて中岡も頭に攻撃を受けて、その場に昏倒した。他の刺客が刀を振り回して書生たちを追い立てたところ、3人は窓から逃げ出していった。

これが明治33年に『近畿評論』で紹介された、今井信郎の証言をもとにした暗殺場面の再現である。しかし、てんで現実味がない。

注目するべきは、そばにいたであろう藤吉だ。先に斬られているならば、龍馬と中岡

今井信郎の証言による犯行状況（近江屋の見取り図）

賊は3人の書生がいる六畳間を通りながらも、龍馬や中岡に特別な注意を払われることなく接近している。ふたりとも反撃らしい抵抗を示した形跡もない。

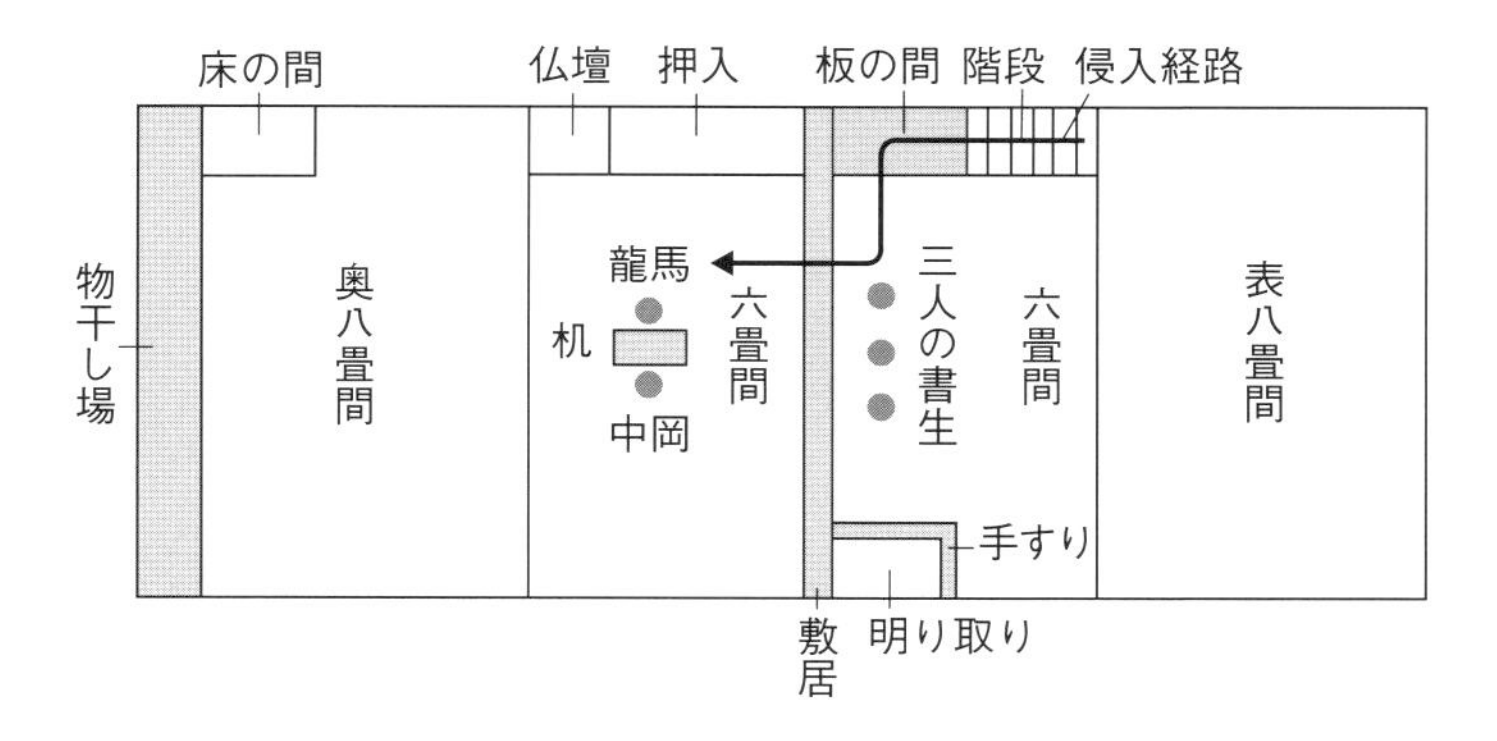

土佐藩きっての武力倒幕派のひとり、中岡慎太郎。板垣退助らとともに、薩摩や長州と合わせて挙兵を企てていた。定説では龍馬とともに凶刃に倒れたとされているが……
提供：国立国会図書館

のふたりが、ふいをつかれることはない。ところが反撃らしい反撃もせず、「どなたでしたかねえ」などとあっさり斬られている。死の瀬戸際を歩いてきた両名だ。状況からふたりとも、不意を突かれ殺されている。だとすれば、今井の証言には次の矛盾が生じる。

時刻も夜の9時過ぎ。藤吉を含めて5人の男がどしどしと階段を上がってくれば、何事かと身構えるのが普通だ。素人の私だってこんな夜に何者だろうと警戒する。近江屋は大きな家ではない。当時の壁は板一枚、咳のひとつだって家中に筒抜けである。

さらに、前のページの見取り図でもわかるように、3人の書生が手前の六畳間にいたと証言している。そこへ客人が来れば、全員が注目する。そうすれば、そちらへ龍馬たちも注意を向けるはずである。今井証言にはリアリティがない。そもそも当時、照明もない部屋で、書生たちは何をしていたのか？ 事件後はまったく行方知れずで、氏名すら判明していない書生。私でなくともこの書生の存在を含めて、今井のホラ話だと考えるのが普通であろう。

今井犯行説を完全否定する、ふたりの事件現場関係者

こうした今井信郎の自供に対して反論を唱えた人物がふたりいる。事件当時現場に駆けつけたという谷干城(たにたてき)だ。「今井ごときに龍馬が斬れるわけがない、これは卑しい売名行為だ」と烈火のごとく怒り、農商大臣を引退した谷は非難演説まで開いている。

重傷の中岡慎太郎から襲撃の様子をわずかながら聞いたという谷。真実の近くにいた谷が、原始人向けのバカにした証言に激怒するのは当然だ。

まず、襲撃人数の違いである。今井は4名だが、中岡は2名と言っている。今井は松代藩の偽名刺を渡したというが、中岡は十津川郷士の名刺だった、という。また、今井は龍馬と言葉をかわしてから斬ったとするが、中岡は龍馬とふたりで名刺を見ようとしたところを、突如「コナクソ」と叫んで斬り込まれたというのだ。

今井証言の矛盾を考慮し、合理的に考えれば、谷の証言のほうが現実味がある。しかし、谷の反論も今井証言が『近畿評論』に紹介された6年後だ。このタイムラグは何を意味するのか。さらに事件後40年、すでに谷も70歳を過ぎた高齢。記憶違いや長い年月

による思い込みもあるだろう。谷の証言もまたストレートに保証できない。

もうひとり、今井を真っ向から否定した人物がいる。近江屋主人・井口新助だ。彼も明治33年の今井証言を見て憤慨し、弁駁（べんばく）書なるもので反論している。

新助の証言を要約すると「刺客は十津川郷士を名のる男たちで、龍馬は綿入れを着ていたので身体は無事だった。しかし、喉を深く刺されたのが致命傷になった。犯人が立ち去った後、龍馬が階下の新助に、医者だ、と叫んだという。新助が2階に上がったときには、すでに龍馬はこと切れていた……」。

これもまたおかしい。致命傷となるほど喉に傷を負いながら、階下に聞こえるほど声が出せるだろうか？　そしてこの証言も前述の谷と同じく、事件から30年以上もたって重い口をやっと開いている。

なぜ事件現場に集まった志士たちは沈黙したのか？

私なりに龍馬暗殺の定説とされる、ふたつの犯行説の矛盾点を挙げてきたが、探偵の視点で分析すれば、どの説も信憑性に欠けることにお気づきだろう。

じつは、新撰組と京都見廻組が、龍馬をお尋ね者のリストからはずしていたことも後に判明している。幕府トップの徳川慶喜から若年寄・永井玄蕃（げんば）へ「坂本龍馬は尊皇攘夷派で唯一、幕府に好感をもっている。新撰組と見廻組に、捕らえてはならないと申し伝えよ」という密命が届いている。

そりゃ、そうだろう。龍馬は大政奉還で徳川温存どころか、慶喜を新政府のトップにしていたのだ。慶喜を殺せという「倒幕の密勅」が出たことは慶喜の耳にも龍馬の耳にも入っている。

永井は長崎海軍伝習所以来、勝の上司だ。勝との関係で、しだいに龍馬は、逆に新撰組にも京都見廻組にも守られているような存在になっていたのである。

それでは何が真実なのか。事件の不自然な点に注目してみたい。

まず、天下の大政奉還をやらかした龍馬と土佐藩の中心人物中岡のふたりが殺されたのに、当時の記録や書き留めたものがまったくないことだ。土佐藩はおろか、海援隊、陸援隊にもない。奇妙な話だ。

そしてもうひとつ。事件直後に現場に集まった人々の歯切れの悪さである。谷干城（土佐藩）、毛利恭助（土佐藩）、田中光顕（土佐藩）、白峰駿馬（海援隊）、川村盈進（土佐藩医）、吉井幸輔（薩摩藩）、近江屋の主人夫婦、そして本屋の峯吉。

その多くが新撰組の犯行と口をそろえるだけで、みんなが押し黙り、30年以上もたってようやく、谷や新助がポツリポツリと口を開きはじめただけである。

これらから感じるのは「真実を隠そうとする姿勢」だ。長い年月にわたって事件の証言すらなかった。全員を押さえこむ強力なパワー、犯人はザコではない。新政府になって大きな影響力をもつ勢力の犯行だったことが推測される。黒幕はだれか？

これだけ強大な権力者といえば幕末維新をまっ黒に塗り潰した岩倉具視、大久保利通、桂小五郎しかいない。

●――龍馬を殺せと命じた勢力

事件当時、反幕勢力はまっぷたつに割れていた。

「無血革命派」と「武力革命派」。ふたつは押し引き、駆け引きを繰り返しながら幕末へとやってきたのである。岩倉、大久保、長州藩は武力で幕府を倒し、開国を押しすすめる武力革命派の頭目だ。ここに薩摩藩本体と土佐藩が合流する。ただし、土佐藩は中岡慎太郎、板垣退助らの武力革命派と、龍馬、後藤象二郎たちの無血革命派に分かれていた。龍馬の上には勝海舟、徳川慶喜、英国のパークス領事がつながっている。

龍馬暗殺の半年前、見逃せないふたつの大きな締結があった。

ひとつは薩摩藩と土佐藩武力派の密約だ。出席者は薩摩の西郷たちと土佐の武闘派・中岡、板垣。「薩土倒幕密約」である。この席で中岡と板垣は「命を懸けて兵を挙げる」と誓っている。

それだけではない。中岡は土佐藩大殿山内容堂にも「武力討幕の覚悟がなければ、幕府との話し合いなど無用」と進言。生まれの良さと財産のせいで武力革命など考えられない相手にまで突っ込んでゆく。まっすぐで死にもの狂いの、筋金入りだ。

そしてふたつ目は、武闘派「薩土密約」から一ヶ月後、今度は同じ薩摩、土佐間でもうひとつの「薩土盟約」が結ばれる。こちらは龍馬を中心とした大政奉還平和路線だ。

すなわち薩摩は、中岡たちとは武力革命の密約を結び、龍馬とは平和革命でいこうと

無血革命派と武力革命派

大政奉還前後の政局は、倒幕の目的は同じでも、手段の異なる２つの派閥が対立する。
武力で幕府を倒す武力派と、血を流さず革命を成就させる無血派だ。

武力革命派		無血革命派
岩倉具視 大久保利通 薩摩藩　長州藩 土佐藩の一部 （中岡慎太郎や板垣退助ら） アーネスト・サトウ	ＶＳ	坂本龍馬 後藤象二郎 勝海舟 徳川慶喜 松平春嶽 パークス
岩倉や大久保には、どうしても武力で騒乱状態をつくりたい理由があった		大政奉還で勝利！　だが、岩倉たちのしぶとい抵抗で龍馬に危機が

薩摩の二重外交

表向きは		裏では
大政奉還により、平和的に幕府から朝廷へ政権を返上することを確認し提携したのが「薩土盟約」。龍馬には、約束どおり「西郷は兵を挙げない」という思い込みがあった	←→	龍馬暗殺の半年前、薩摩藩と土佐藩の中岡、板垣の間で「薩土倒幕密約」が交わされた。ここで中岡は「決死の覚悟で兵を挙げる」と宣言

二面外交をとったのである。そうとは知らない龍馬は、武力派としのぎを削っているような、削っていないような、なんだか分からない状態のまま、鼻先の差でゴール。大政奉還、無血革命を勝ち取ったのである。中岡は敗け、龍馬こそが武闘派の最大の障害物となった。

こうした流れとは別に、岩倉たちにはどうしても戦争をしたい理由があった。

前述した「天皇のすり替え」計画である。孝明天皇亡き後、皇位を継承した息子、睦仁(むつひと)は警護の固い御所の中だ。さてどうするのか? まともな方法では歯がたたない。戦乱にまぎれて御所をのっ取る以外にない。邪魔なのは無血革命をまとった龍馬。龍馬の命など、これから成しとげることに較べればとるにたらないもので、暗殺の伏線がここにある。

刺客は、龍馬に警戒されず近づける人物はただ一人、中岡慎太郎しかない。

「説得できないときは、殺る!」

中岡は腹を決めていた。

◉――龍馬暗殺の真相は土佐藩の内ゲバだった⁉

ここからは私の憶測である。

近江屋の主人・井口新助が「龍馬は今ひとりでいるから、来てくれ」と、目の前の土佐藩邸に使いを出す。当時、京都土佐藩邸は武力革命派の巣窟だ。

だからこそ龍馬は、とうの昔に脱藩を許されていたにもかかわらず、土佐藩邸に入らなかったのである。

中岡慎太郎が近江屋へ乗り込み、龍馬と最後の直談判に臨んだ。

「薩長には土佐も兵を挙げると約束している。今さら後には退けない」

ところが龍馬は「なにを言う。大政奉還で将軍が政権を天皇に返上したのだから、武力は必要ない。平和でいく」と考えを曲げない。食い下がる中岡には岩倉、大久保との約束がある。律儀を絵に描いたような中岡に妥協はなかった。

「土佐は兵を挙げる。邪魔だてするな。抜け！」

中岡の鋭い居合が走った。

龍馬暗殺の真相は「土佐藩の内ゲバ」だ。これが私の推理である。

もう一度繰り返すが、龍馬はピストルを持っている。襲撃に気づけば、刺客のうちの何人かは死傷しているはずだ。が、そんな様子はなかった。これは至近距離からアッという間に斬られたことを示している。居合だ。つまり犯人は龍馬に警戒心を抱かせず、接近できる相手なのだ。そうなれば犯人は中岡、それ以外考えられない。

その時、龍馬も反撃し、中岡も負傷した。2〜3日間くらいは生きていた、というのは本当だと思う。ウドンが食えるほどに回復したという話も伝っている。だが死んだ。中岡は負傷が原因ではなく、けじめをつけ、切腹したのではないか？　そう思っている。

犯行直後、殺害現場に駆けつけたという谷干城（土佐藩士）、毛利恭助（土佐藩士）は武力倒幕派で、「薩土密約」の場に中岡と一緒にいた人物だ。もうひとり現場にいた。なぜか薩摩の吉井幸輔だ。この男は大久保利通の片腕で、むろん薩土密約の出席者だ。そして田中光顕（土佐藩士）は中岡率いる陸援隊員だ。すべてが中岡サイドの武闘派人間である。ひとりだけ海援隊員がいた。白峰駿馬だ。勝の門下生で龍馬の弟子だ。戊辰

田中光顕は岩倉使節団にも加わり、維新後は官僚、政治家として、エリート畑を歩いていく

戦争当時なにをしていたか不明で、明治2年になって逃れるようにアメリカに留学。当時の留学費は今の金額で数千万円。これをいったい誰が出したのか想像におまかせするが、5年間をラトガー大学やニューヨーク海軍造船所で過ごしている。

5名の関係者は、あらかじめ事の成り行きを見守っていたのではないか。つまり中岡と龍馬の最終談判見届け人として、一緒に近江屋へ集まっていた。

この時点で土佐藩は、武闘派の中岡派と大政奉還派の龍馬派が拮抗（きっこう）していた。危険なにらみ合いをへて核となっていた龍馬が殺され、一気に武力派が藩を支配、維新の兵を挙げたのである。

だからこそ、事件後にみんなが口をつぐみ、わずかに残る証言がどれも陳腐なのは、事実を隠そうとして、かえって「ちぐはぐさ」が浮き立って、ぶさいくになったのだ。

他にもおかしな点は腐るほどある。

例えば本屋の峯吉は事件を知って京都白川の陸援隊本陣へ知らせに走った、と証言している点だ。実際に歩くと1時間以上かかる距離だ。しかも当日は寒冬の雨の夜だ。道も今と違ってぬかるみだ。目の前の土佐藩邸には10秒、あるいは走れば5分ほどの距離にある海援隊の本部でもなく、なぜ遠い陸援隊の本陣へ向かったのか。不思議である。

百歩譲ってこの証言が本当ならば、近江屋は駆けつけた陸援隊士で大騒ぎになるはずだ。

われらが隊長が襲われたのだ。しかし、そんな様子はまったくない。恐らく偶然帰ってきた峯吉は半ば拉致されて、近江屋に監禁され証言を強要されていたのだろうと私は思う。

近江屋の主人新助は土佐藩出入りの醤油屋だが、ただの商人ではない。鳥羽伏見の戦いでは戦場へ赴いている。諜報員として活動していたことも充分考えられ、新助もあらかじめ計画を知らされていた可能性が高い。

ひとり薩摩藩の吉井幸輔がその場にいるのも奇異だ。しかし彼は薩土密約をきっちり果たす薩摩の見届け役だと考えれば辻褄が合う。

白峰駿馬は米国留学から帰国後、新政府の支援で日本初の造船所をつくっている。外国でほとぼりを冷まし、沈黙の論功行賞で新政府の庇護を受けた、と考えられないだろうか。

田中光顕や谷干城は明治になって大臣などの要職につき、爵位も授かっている。これも事件を通して武力革命に協力した恩賞ではないか。

八四歳になった田中は、驚きの告白をしている。「中岡は、剣を持っては龍馬よりはるかに上であった。この目で見ての実感である」

田中は自分の目で、中岡と龍馬の斬り合いを目撃していたと述べたのである。そうはっきりと見たのだ。いかがだろうか。

龍馬は甘かった。軍事に重きを置かなかったことが致命傷となった。勝海舟ら幕臣とつながり、薩摩の西郷とも太いパイプがある。長州とも最初は悪い関係ではなく、パークスとも平和路線で息が合った。楽天的でおおらかで武力の必要性を感じなかった。地獄を見ることはない、みんな仲良くうまくやれば連合政権ができると踏んでいた。陰謀を見破れなかったことが決定的である。

素朴で飾らない龍馬は今も大人気だ。少年のような外国への憧れ、理想国家の建設、洗練された手法、そして下げマンお龍とのロマンス……。京都、長崎、江戸と奔放に駆け回る自由人ノマドだ。この男は、青年の夢のすべてをまとっていた。

第2章

北朝から南朝へ明治天皇はすり替えられた⁉

急死した孝明天皇の後継には、その子・睦仁親王が自動的に即位。維新以降もそのまま在位を続け、明治国家の先頭に立った⁉

武家中心の幕藩体制、天皇は影の薄い存在だった。

孝明は、突如政治の表舞台に立たされる。外国勢力に開国を迫られ統治不能に陥った幕府が態度を一変、天皇に判断を押しつけたのである。とんでもない責任逃れだが、これで朝廷の権威が急上昇。同時に反幕勢力も勢いに乗る。吹き荒れる「尊皇攘夷（そんのうじょうい）」の嵐。偏執なまでの異人嫌いだった孝明は、頭が攘夷一色、それしかない。「外国をぶっ飛ばせ！」。上昇した権威を利用し、徳川幕府に攘夷を命じ、「公武合体（こうぶがったい）」路線を選択。孝明はこれで日本が一丸となって外国を撃破できると単純に考えたのである。

しかし、時代は刻々と変わっていた。反幕勢力のナンバー1・2であった薩摩、長州は密かに英国と手を結んでいたのである。攘夷をひたすら命じる孝明に、薩長が手を焼きはじめる。そんな矢先、孝明が突然死。1867（慶応3）年1月30日（旧暦1866年12月25日）のことである。死因は天然痘だが、外部との接触を絶ち、「奥」で過ごす天皇の感染死亡は考えられず、他殺説が流出、タイミングと状況からおおいに推測できることだった。

その約2週間後の1867（慶応3）年2月13日（旧暦1月9日）、孝明の子睦仁親王（むつひとしんのう）が14歳で践祚（せんそ）（皇位についた）。これが後の明治天皇だ。一般にはこうして親から子へ皇位が継承され、「明治新政府の指導者、近代国家日本の象徴として国民から畏敬された」と教科書に書かれている。

束帯姿の明治天皇。何かを見据えるような眼光が鋭い
『皇族写真帖』より

ところが明治天皇には別人説がある。睦仁を知る人の「まるで人が変わったようだ」との証言があり、たしかに利き手や筆跡も異なる。

謎の別人説。背後には、恥知らずで途方もない陰謀が横たわっていた……。

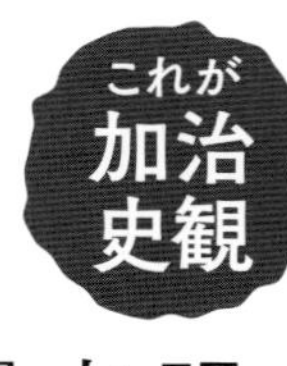

明治天皇は孝明天皇の子・睦仁ではない、という数々の証拠と指摘。暴露にいたれば国が転覆するほどの陰謀「天皇すり替え」計画は本当に行われたのか!?

ひ弱な睦仁、天皇になったとたんに武士を相撲で投げた!?

「天皇は神聖にして侵すべからず」

これは明治天皇の神格化をめざすため、帝国憲法に埋め込まれた条文だ。しかし、この文言の意図するところは、単に現人神（あらひとがみ）・天皇を絶対権力者として祀り上げるだけではなく、「素性を隠すため」に考え出された苦肉の策だと私は考えている。

知らしめず、寄らしめず。ほんの一部の関係者以外には顔も見せない、声も聞かせない。その私生活はベールに覆われ、筆跡も残さない。まったくの秘密主義だ。

なぜか？

そうしなくてはならない理由があった。

結論から先に言えば、明治天皇＝睦仁親王（以下、睦仁）ではないからである。

孝明の後を継いで即位した睦仁とは、異なる人を明治天皇にする。すり替えの大博打だ。いったい、そんな荒技が可能だったのだろうか？　読者の中には「何を荒唐無稽なことを」と一笑に付す、いや怒る人もいるであろう。どうか怒らないで欲しい。

こういう感情をいだく人たちは『日本書紀』というファンタジーを真実と同化させ、おまけに歴史という学問を「不敬」の二文字で拒否するシステムを遺産として受け継いでいる方々の中に多い。

しかし、核心に迫る材料は山ほどある。数多くの証言や物的証拠だけではない。何より明治天皇自身や明治新政府のとった行動が、北朝から南朝天皇へ替わったことを暗示し、告白に近いかたちで示しているのである。

相違点はまず体格だ。睦仁は小柄で細く、なよっとして女性のようであった。これは朝廷に仕えていた公家や女官、実の母親まで証言が多く残っている。

それに対して明治天皇は身長170センチの骨太だ。当時の平均身長から換算すると、現在ではおよそ180センチに相当する。長身でガッチリタイプ。幕末の思想家で南朝崇拝者、横井小楠の目撃談では「顔は長くやや色黒で、背は高く、声は大きかった」と言い残している。

しかも睦仁が13歳の頃、母親が「天皇の職が全うできないのでは？」と心配するほど臆病でひ弱な体質。「禁門の変」では大砲の音に気絶したほどだ。にもかかわらず、明治天皇の堂々たる体格はどうしたことか？　鞍のない裸馬を乗りこなす天皇。こんなことは牛車に乗っていた、やんごとなき方のすることではない。さらに、護衛の武士たちとも相撲をとっている。

驚きなのが、剣術家として名をはせた山岡鉄舟と腕相撲をして、1勝1敗だったという逸話だ。運動といえば蹴鞠くらいで、もっぱら茶会や歌会などインドア派の天皇が、腕っぷしの強い剣の達人と同等の腕力など、なにがどうなったらそうなるのか？

ここに興味深い話が伝っている。明治天皇になった男は、「長州力士隊」の一員だったというのだ。それならば相撲が強くてあたりまえ、腕力も相当だ。この力士隊は高杉

剣の達人とされた山岡鉄舟。腕の太さ、体格のよさ、この人物と互角に腕相撲ができる天皇などいるだろうか？
『幕末、明治、大正回顧八十年史』より

一般にもよく知られた洋装の明治天皇。たくましさを感じさせる風貌である

晋作(しんさく)の奇兵隊の第二隊に属し、20名ほどの人数だったという。隊長はあの伊藤博文だ。明治天皇と伊藤博文の関係は濃密だ。これは周知の事実だが、力士隊と隊長の関係なら頷ける。

私が未だに不思議に思うのは、幕末、あれほど活躍をしたはずの「長州力士隊」の実態が一切わからない点だ。影が薄いどころではなく、完全に消えている。いや、消されていると言った方がいい不自然さだ。

私の推測だが、動乱が落ち着いて、みな「用済み」になり、始末されたのではなかろうか。

なぜなら明治天皇の素性を

知っているからである。

かつての仲間がいきなり「現人神」になれば、知り過ぎた人間はどうなるのか。過去を消すために、クタバっていただく以外にない。今なら正気の沙汰ではないのだが、暗殺、拷問、騙し、なんでもありの未熟な暗黒時代には、あっさりやっちまうものである。では、完璧なすり替えはどうやって行われたのか？　すこしずつ述べたいと思う。信じられない読者こそ、どうか読み飛ばさずにお付き合い願いたい。

睦仁は右利きだったが、明治天皇は左利きだった⁉

相違点はまだまだある。利き手だ。睦仁は右だが、明治天皇は左利きだ。当時の証言もあるし、数少ない明治天皇の筆跡を鑑定した専門家が「左利きの特徴が見られる」と分析。また、別の筆跡は「左利きを克服した人が右手で書いたもの」とのコメントもある。今ならどうということもないが、皇室も武士もやんごとなき人々は左利きを蔑み、幼い頃に例外なく直されていた時代である。天皇ならなおさらだ。

明治天皇は他人に文字を見られるのを嫌った。筆を使っているときに人が近づくと、体を折り曲げるようにして手元を隠した、という側室の回想が残っている。文字から素性がバレる、だから隠す、人に見せない、そんな心理であろうか。事実、明治天皇の書簡、手紙はほとんどない。

多くの和歌を詠んでいるが、色紙は女官が書いていたという。さらなる疑問符は、孝明崩御のとき、睦仁が涙を流しながら亡き父を偲（しの）んだ和歌も所在不明だ。筆跡の比較を怖れた証拠隠滅、だれもがそう考える。

奇妙さは、趣味嗜好にも及んでいる。父の孝明天皇が異常なほどの外国嫌いだったのにもかかわらず、明治天皇は洋服を好み、日々ワインを愛飲した。さらに、ヨーロッパのダイヤモンド収集に熱を上げ周囲を困らせたり、和風文化もなんのその、お香ではなく、フランスの香水中毒でジャンジャン使った話も伝わっている。

天皇の妻は「皇后」だ。しかし明治天皇だけは「皇太后」という奇怪さ

東京の明治神宮は、明治天皇とその夫人を祭る神社だ。国民は何の疑問もなくお詣りをしているが、ちょっと待っていただきたい。

明治天皇の妻であれば「皇后」が正しいが、なぜか「皇太后」の称号が贈られている昭憲皇太后

ご存じのように天皇の妻は「皇后」だ。したがって昭和天皇も香淳（こうじゅん）皇后である。しかし明治天皇だけは「昭憲（しょうけん）皇太后」となっている。「皇太后（こうたいごう）」は先代の天皇の妻への称号だ。つまり現天皇の母親だ。すると妻に母親の称号を与えたことになる。

有識者の目には正常なこととして映ったのか、それとも臆病なのか、だれも騒がなかった。大正時代にも、昭和にも「あれは間違いだ、不敬だ」と抗議する政治家がいた。それに対する宮内庁の正式解答はこれまた奇怪で「確かに間違いだが、明治天皇がこれでよいと言ったので直せない」だ。

つまり本当は「白」でも、天皇が「黒」と言ったから「黒」でいいという言い訳で、近代民主主義国家として考えられない返事である。天皇が言えばウソでもいいのであろうか？

だが、明治天皇はウソを言ったわけではない。本当のことを言っているのだ。

すなわちこうだ。明治天皇にとって睦仁は先帝だ。その先帝と結婚し、儀式を上げたのが一条美子（のちの昭憲皇太后）である。で、先帝とすり替わって隣にスライドしたのが明治天皇ならば美子は義理の母親、「皇太后」となる。

「彼女は私の妻ではない！　先帝の妻、皇太后だ」そう断固明言して明治天皇は亡くなったのである。

昭憲皇太后と明治天皇が一緒に過ごした記録はほとんどなく、ふたりの関係は奇妙だ。ちなみに昭憲皇太后に子はなかった。明治天皇の側室・柳原愛子が生んだ嘉仁親王がのちの大正天皇となる。

もう一点、睦仁の践祚と即位のタイムラグも気になる。

践祚とは、天皇の位を受け継ぐ儀式だ。通常は践祚の後、日をあまりおかずに即位式が行われる。しかし、睦仁の践祚から即位までは1年7ヶ月もの長〜い間がある。いったいこれはなにを意味するのか。幕末の混乱期といえども、そのブランクは長すぎる。反対勢力を警戒し、即位をさせなかったのだとしたら辻褄が合う。

●── そもそも天皇とは何か？

アメリカ大陸に目を転じれば、そこはインディアンがまばらに住むパラダイス。で、ヨーロッパからいわゆる「白人」がやってきた。白人といってもさまざまだ。イングランド、フランス、イタリア、ドイツ、アイルランド、スコットランド、ユダヤ……彼らはいたる所にコロニーを作って、暮らしはじめる。先住民を自分たちの兵隊にしたてあげながら戦いを繰り返し、やがて統一国家となる。

我が列島も同じだ。シナ大陸から半島を経由して、ウイグル、モンゴル、チワン、チベット、タタール、タイ、ミャオ……彼らもまた列島深く入り込み、コロニーを作った。

やがて顔、言語、宗教、習慣すべてが異なるコロニーがぶつかり合い権力闘争でのし上がる。民族色を出せば奴隷の原住民や他のコロニーが反発する。そこで編み出したのが「自分の先祖は天から降臨した」と出自をボカすこと。それと、「万世一系（ばんせいいっけい）」で後継者を縛り、他民族を排除するシステムだ。

「天孫降臨」と「万世一系」はセットとなる。

『日本書紀』でいったんそう規定してしまったものだから、そこはもう外せない。その呪縛が闇での「天皇すり替え」という歴史の暗黒を生むことになる。

さて「天孫降臨」の専売特許はシナにある。

シナのヘロドトス、司馬遷（しばせん）が紀元前90年頃に『史記』で述べた手法を約８００年後にパクッて取り入れたのが『日本書紀』だ。

世界中の歴史の黎明（れいめい）期は、ほぼパターンは同じだ。

大王は「神の子」である。しかし民衆も愚かではない。神の子にしては奇跡を起こさないし、戦にだって負けるではないか、やがてボロが出る。で、「じつはあれはファンタジーでした。だが私は神に認められている」と少しはまともになる。民衆もそれで「まあ、そうだろうな、人間だよな」と納得する。だから皇帝がコロコロと代っても違和感はない。

ところが日本は違う。国民は今もって「天孫降臨」と「万世一系」のファンタジーをプレッシャーゼロで信じているのである。

長年の暗記教育がたたって、思考能力が衰えた民族になっているのか、これほど妙なことはなく、いまだ醒めずだ。

私の明治天皇すり替え説は危険だから「本当のことを言ってはいけない」などと忠告する著名人がたくさんいる。ありがとう。しかし、私の三大精神は、めげない、媚びない、恨まないであるからして、人生ポシャルかもしれないが、「正史」に対するリスペクトはゼロ、見て見ぬふりを続けることは不可能だ。

●──そもそも南朝、北朝とは何か?

明治天皇すり替えがバレた時にはどうするのか？　そのための手はちゃんと打ってある。

現天皇を正当化するためのツールが、南朝天皇正当論だ。

その前に南朝、北朝とはなにか？　を知らずして何事もはじまらない。

この国にはかつて南と北、ふたりの天皇が存在した時代があった。(他にもいっぱいあったが)

ようは兄弟二人の天皇争いだが、１３３６年からわずか56年間だ。公家や武家も巻き

南北朝天皇の関連系図

1911(明治44)年、明治天皇の勅裁で南朝が正統となる。
それまで北朝が正統だった歴史が180度ひっくり返った瞬間である。

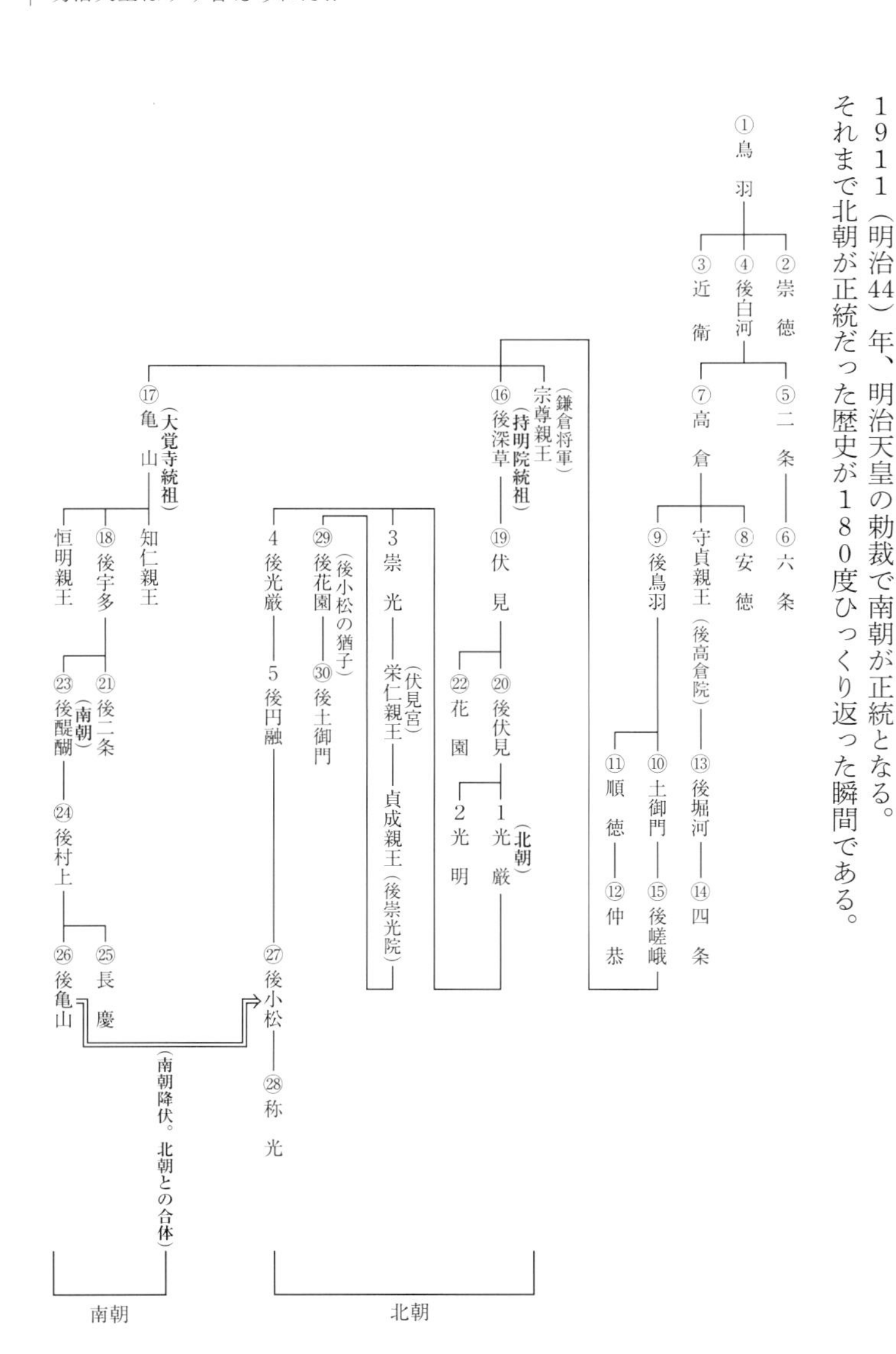

込み大混乱となる。

事の発端は1246（寛元4）年、後嵯峨（ごさが）天皇が長男坊の後深草（ごふかくさ）天皇に皇位を譲り、自分が上皇になった時に、ごちゃごちゃがスタートする。

間もなく心変わりした後嵯峨上皇は、長男後深草を退位させ、次男の亀山（かめやま）天皇を擁立。後嵯峨上皇が亡くなると、兄（後深草天皇）は「自分を上皇にしろよ！」と弟に迫った。かつて天皇だったのだからエスカレーター式に上皇になるのは当然だ、という理屈だ。しかし、弟の亀山天皇はこれを拒否。おさまらないアニキは鎌倉幕府へすがるが失敗。ついに覚悟をきめて「出家する」と宣言する。

出家には「京を離れて武家や寺社の不満勢力と兵を挙げるぞ」という暗示が込められている。ここで鎌倉幕府がやっと重い腰をあげ、「まあまあ」と調停に入った。

両者納得の苦肉の策が兄系列、弟系列とたすき掛けの順番即位だ。

これがかえってふたつの派閥を鮮明なものにする。

兄の後深草の系列が持明院統（じみょういんとう）＝北朝。

弟の亀山の系列が大覚寺統（だいかくじとう）＝南朝。

これで万事解決、と思われたがそうはいかなかった。作法の箱の中で育ったものほど嫉妬と怨恨は大きく、親近憎悪の陰湿な公家社会。ねちねちと執拗な闘争が水面下で続いた。

そんな中で登場するのが１３１８（文保２）年に即位した、大覚寺統の後醍醐だ。兄弟喧嘩から約60年、６人目の天皇である。この人、権力に対する憧れが異常なほどに強かった。

後醍醐（写真上）は南朝の英雄だ。やがて足利尊氏（写真下）の離反で窮地に立たされる

大野望の持ち主は、何と時の鎌倉幕府の転覆をはかったのである。それも2度。いい度胸というか無謀というか、最初は大目に見ていた北条氏も、2度目は勘弁がならずと捕捉に走る。それを察知

した後醍醐は京都の笠置山へ逃れるが、ついに捕まり、隠岐へ島流しとなる。

これで万事休す、となるところだが、後醍醐は強運の持ち主だ。腹心の楠木正成（くすのきまさしげ）が吉野で兵を挙げると、足利尊氏（あしかがたかうじ）や新田義貞（にったよしさだ）も幕府に反旗を翻し、あえなく鎌倉幕府は終結する。

3年ぶりに意気揚々と京都へ戻ったタナボタの後醍醐は、武士ではなく、天皇が一番だとばかりに自らが政治にしゃしゃり出る。これがいわゆる「建武の中興（けんむのちゅうこう）」だ。次第に独裁的になる。武士層が反発、恩人の足利尊氏までが離反し、政権はもろくも崩壊。本来なら処刑してもおかしくないのに足利もできた男で「この世はすべて夢であるから、遁世したい。信心を私に欲しい」と言って後醍醐の顔を立て和議を申し入れる。和議に応じた後醍醐は天皇には欠くべからざる三種の神器を譲り、武家中心の建武式目十七条を受け入れて恭順、吉野に引きこもった。

足利尊氏が光明（こうみょう）天皇を擁立。北朝天皇である。

すると、後醍醐は突然、譲った三種の神器は偽物で、本物は自分が持ってるので自分こそが天皇だ、と叫んで南朝宣言。

老舗（しにせ）の「本家」「元祖」争いみたいなことになり、ふたりの天皇が併存するという異常な南北朝時代が始まる。

しかしこれは後世の作り話だという説がある。

南北朝時代は、後世、特に明治になってあたかも南朝が正統であるかのように大きく見せる演出で使いはじめた言葉で、当時、南北朝などという認識はなかった。じっさいには将軍となり室町幕府を開いた足利尊氏は、吉野の山奥に引きこもった後醍醐など無視。「信心を私に欲しい」というダンディな台詞（せりふ）もありえない。

翌年、後醍醐が死亡。ところが次第に武士の内部分裂がはじまる。謀反勢力は南朝天皇を擁立して結束をはかるも、やはりコケる。

この後、南朝第四代を名乗る後亀山（ごかめやま）が、北朝第六代となる後小松（ごこまつ）天皇と和議、両朝が「合一」するまで56年間、両者の対立が続いたとなっている。この話も臭く、「合一」といったのは五分五分の対等を装うためで、真実は南朝側が北朝側に降伏した。こうして南朝の種は根こそぎ刈られ、血筋は途絶えた。

しかし、実際は途絶えていない。南朝の子孫、血筋は、漂白剤でＤＮＡを消さない限りなくなるはずもなく、南朝天皇の子孫は南朝を崇拝する地方の有力な武家が守ってやがて……。

◉――南朝の血筋は幕末まで根強く残っていた

天皇がふたつに分かれたのが南北朝時代だ。ここで立ち止まってみよう。はたして南朝と北朝天皇の血がつながっているのか、という疑問が湧く。かくも殺し合ったのはもともと違う部族だったのではないか、という疑いだ。イデオロギーなどという高尚な戦いではなく、たんなる民族争いだ。戦争論には民族論が不可欠だが、天皇はAという民族コロニーのボスだったとしたら、そこにはBやC……他出身部族のあい入れない反発があったとしても、不思議ではない。

敗れた一方の南朝勢力はずっと恨みを募らせ、敗者復活を狙っていた。後醍醐天皇の種はたくさんおり、その子がさらに種分けをし、地方の武家や豪族などに抱えられている。子供を引き取り、「なにかあれば、南朝天皇を掲げる」という思いは時代を超えて続いてゆく。冷や飯を食わされ続けた勢力の積年の恨みだ。

◉――根強い南朝崇拝思想が、幕末に息を吹き返した

自由と民主主義があれば、人々はそのために戦う。しかし、そんな言葉も思想もない時代、結束は「神」か、「殿」か、「天皇」かとなる。

「いつかは南朝!」は、反幕勢力のかっこうのエサだ。

その最たるものが古典歴史文学として知られる『太平記(たいへいき)』である。1370年までに完成した南朝寄りの軍記物で、40巻におよぶ大作だ。

江戸時代になると徳川家康の子飼いの学者・林羅山(はやしらざん)が満を持して南朝正統論を唱える。林羅山の『本朝通鑑(ほんちょうつがん)』は、『太平記』とともに胸焼けするくらい南朝を称賛し、その後の『大日本史(だいにほんし)』へと続く南朝正統工作に影響を与えていく。

徳川家康は自ら新田義貞(にったよしさだ)の血筋を名乗っている。新田は南朝を代表する武将であり、その血につながる家康が南朝を讃えるのも道理で、そうやって京におわす北朝天皇を見下したのである。

なんで見下したかというと、面白くないからだ。いつでも殺せるちっぽけな京の集団

から将軍の位をもらうなどたとえ儀式であっても頭は下げたくはない。

「そっちが江戸に来い！」上から目線でそう言い放っていた。

そして家康の孫にあたる天下の副将軍、水戸光圀（みつくに）が作らせたのが、『大日本史』だ。南朝正統論の決定版ともいうべき書物の作成が水戸藩の事業として続けられ、完成にはおよそ250年という長い期間がかかっている。恐るべし水戸学。北朝天皇とつるむ幕府に対抗するため、外様や冷遇されていた藩は南朝水戸学に飛びつき、倒幕の力となっ

『大日本史』の編纂に力を注いだ徳川光圀。250年の時をかけて完成している

本朝通鑑敍

大矣哉史學之用也于政治于經濟于法制于宗教于學藝于教育于教化于產業于交通于國防于警察于渡航國家社會凡百之事莫不關焉且貴於史者由于世之推移事之沿革據實直書不加私議不雜臆說而其眞理自見統理國家者所以必先嚴史學而從其楷鑑也本邦武家之起遠在寛平延喜朝藤原氏漸擅政權專富貴翱翔於京師一小天地耽溺詩歌管絃之遊文弱頹靡之流毒深入膏肓七道刑政舉委之地方武人而不能察民心所趨兇將悍卒乃侮蔑朝憲刧掠輸租跳梁京師莫所忌憚爾來二百年武人益深根柢盤踞之固牢不可拔源頼朝及開鎌倉幕府驅使地方豪族悉爲家人任守護職授地頭職以行治安警察權於是武力卽權力之潛勢化爲實權卽公權之顯勢是頼朝非奪攘之祇以藤原氏棄而不顧取而代

本朝通鑑敍

林羅山による『本朝通鑑』は、『太平記』とともに南朝崇拝の書だ

てゆく。

ところで、光圀がなぜ南朝を持ち上げたのか？　ひとことでいえば怨念だ。水戸という ド田舎に飛ばされた恨み、将軍になれない恨みである。

尾張は徳川を水戸、紀州と三つに分けて切り離した。

で、江戸には本家の尾張の血筋が将軍として入る。

一番怖いのは東北の伊達藩。だから、江戸と伊達の間に、防護柵として水戸藩を入れ、江戸の護衛とした。カチンと来た光圀。

「同じ徳川なのに、俺はおまえの盾なのか！」

しかし、表立って言っても始まらない。そこで、尾張に対抗し、将軍の座を狙うべくゆさぶった。将軍の座は順番でいいじゃないかと光圀が考え、提案する。しかし、ずっと無視、尾張の独占だ。何度も提案するが却下。頭に来た光圀は儀式の親分、天皇を持ち出してきたのである。「将軍は天皇を敬っていないし、仮に敬っても正統なのは今の北朝ではなく南朝だ」と二重のインネン。

水戸光圀は公家から嫁さんをもらっている。その縁で朝廷と交り、不満を共有し「力を合わせて徳川本家をやっつける」という作戦に出る。水戸学は、そんな流れから完成した尾張を追い落としツールだ。

『大日本史』のポリシーは「今の政治は武士（将軍）の独裁であり、天皇をないがしろにしている」「尊皇が足りない」「南朝が正しい」である。

実際に江戸時代の天皇家や皇族は、徳川家に飼われている儀式要員で、年間2〜3万石のサラリーマン。天皇などせいぜい神主の親玉なんだから、将軍の任命儀礼だけちゃんとやってろ！　という扱いである。あの時代、江戸の庶民は「天皇？　誰？」であり、知るよしもない。

いずれにせよ、光圀の指導した南朝思想や尊皇思想が、反幕勢力よって大いに盛んになり、時を隔てた幕末に一大ムーブメントとなるのである。

●――『戊午の密勅』がすべてのはじまりだった

「桜田門外の変」はTVや映画で知っているが「戊午の密勅（ぼごのみっちょく）」を知る人は少ない。

1858（安政5）年9月14日（旧暦8月8日）、孝明天皇から水戸藩に下った秘密命令だ。歴史の先生たちも、これを無視しているがとんでもない。幕末の始まりはこの事件で有機ブルーベリーを食べて、しっかりと見つめていただきたい。

てっとり早く言えば朝廷による大老井伊直弼（いいなおすけ）暗殺指令だ。怒り狂った井伊は朝廷とつるんだ反幕勢力を根こそぎ逮捕。これが「安政の大獄」である。そして井伊暗殺の「桜田門外の変」と続いてゆくのである。

最初に「戊午の密勅」で井伊暗殺未遂がありきだ。で、リベンジの「安政の大獄」があり、そのままリベンジで「桜田門外の変」なのでありきだ。で、いきなり井伊がとち狂って「安政の大獄」に走ったわけではない。それを誤解して、「桜田門外の変」で「やったぜ、ざまーみろ」では大老の井伊がかわいそうである。ちなみに大老と言うが、老人ではない。まだ44歳である。その辺もかわいそうではあるが。

七卿落ちが南朝天皇復活の分岐点だった

南朝復活の遺産は脈々と受け継がれてきた。

幕末の動乱期、南朝天皇擁立行動第一弾は、1863年（文久3）の「八月十八日の

三条の提言を蹴り、薩摩と会津に泣きついた孝明天皇

政変」だ。

当時、朝廷内で権力を握ったのは、三条実美（さんじょうさねとみ）だ。長州シンパの三条は天皇による大イベント、攘夷親征（じょういしんせい）（大和行幸（やまとぎょうこう））を計画した。プランは孝明が大和国の神武天皇陵（じんむてんのうりょう）・春日大社に行幸して親征の軍議をなし、次いで伊勢神宮に行幸するところからはじまり、なんと江戸幕府へ向けて進軍するというビックリ計画だ。

三条実美が孝明を説得している記録が残されている。

「大和行幸をやりましょう。最初に神武のお墓にお参りして、その後に親征を発表して江戸に軍を進めるのです」と。ところが孝明は拒否。孝明は皇居から出たこともなく、外界への憎悪もさることながら、三条と長州の陰謀も耳に入っていた。

孝明の日記には「三条が私を拉致しようとしている」「自分を長州に連れていくつもりではないか」と書かれている。食事ものどを通らなくなった孝明は、会津藩に助けを求めた。これが「八月十八日の政変」だが、一般には公武合体派の会津藩と薩摩藩が、尊皇攘夷派を京都から追い出したといわれている。

しかし実際は、尊皇を装って、まんまと御所の防御にありついて完璧なる孝明囲いを狙っていた長州藩を武力で追放した、薩摩藩、会津藩、孝明派による逆クーデターだ。失脚した三条実美、澤宣嘉(さわのぶよし)などの公家7人は、長州兵とともに長州へ逃亡(七卿落ち(しちきょうお))。当時の状況資料を分析すれば、長州と三条実美は大和行幸で玉(天皇)を抱き、周囲の賛同する藩、武士団を集めながら、そのまま江戸に進軍しようとしたのは間違いない。

野心に燃えた三条実美だったが、孝明天皇の反撃であえなく夢はついえた
提供:国立国会図書館

計画は綿密だった。孝明のメカケ(睦仁の母)の弟、中山忠光は、それに呼応し、土佐勤王党の残党を連れて大和で決起。有栖川宮熾仁親王(ありすがわのみやたるひと)は三条派によって西国領無便、つまり京から

九州までの軍司令長官に任命され、長州、三条クーデターとしっかり共謀しているのである。

もしクーデターが成功し、長州と三条派の天下になっていれば、そのまま明治天皇も北朝（睦仁）でいったかもしれない。

「あせらずハンドルし、後で天皇を替えればいい」「孝明が亡くなった後、自分たちの天下になってから、南朝にすげ替えればいい」。

彼らの思惑はこれが順当なところだ。孝明を囲って成功したらそれはそれでいい。もしゴネたら孝明は切り、隠しておいた南朝天皇を戴（いただ）いて兵を挙げるまでである。

現実には、肝心の陰謀がバレバレで、孝明が薩摩や会津に泣きつき、クーデターは失敗。

三条、長州は完全に孝明天皇をあきらめ、路線を南朝天皇擁立で固める。これは後に大久保利通（おおくぼとしみち）や岩倉具視（いわくらともみ）たちの思惑と合致し、両者は合流する。

京都を逃れた三条らは、長州で南朝の末裔と面会した。

それがのちの明治天皇、大室寅之祐（おおむろとらのすけ）というのが私の推測である。

南朝すり替えの原作者は吉田松陰だった!?

天皇すり替え。こんな大胆なことを具体的に考えたのは一体誰か?

奇人、吉田松陰(よしだしょういん)である。

吉田松陰は長州の武士、思想家、教育家だ。幕末の志士を輩出した松下村塾(しょうかそんじゅく)の塾長でもある。教科書などでは「明治維新の精神的指導者」などと祀りあげられているが、私は首をひねる。その行動を見ればわかるが、松陰は迷い子みたいに行き当たりばったりの男だ。アメリカに亡命しようとし、捕まる。家老を暗殺しようとして、自分の塾生に止められ、呆れられる。教育者、指導者としていかがなものか、疑問だらけだ。ではなぜ、後世、大先生と呼ばれ、あれだけ敬わ

吉田松陰は松下村塾という私塾を隠れ蓑に、南朝革命結社をつくったのではないか
提供:国立国会図書館

幕末・維新史に名を残す人材を多く輩出した松下村塾。スパイ養成機関としての役割が大である

れるのか？

南朝革命の筋書きをつくった、いわばシナリオライターだからではないか。

「長州に囲っている南朝の末裔を立て、挙兵せよ！」と唱えた。それ以外になにをしたのか、思いあたるふしはない。

もちろん私の仮説も、文献が残っているわけではない。しかし、何の実績もない松陰が、あれだけ英雄として祀られ、よしんば明治15年になって世田谷という日本の中心地東京に、わざわざけっこうな松陰神社まで建てられているのだ。他の理由があるならば、教えていただきたい。

南朝を復活させる。松下村塾はそのためのスパイ養成組織だった。「南朝天皇の種、大室寅之祐の復活」の戦士育成だ。だからこそ、塾生だった久坂玄瑞（くさかげんずい）、高杉晋作などが武力で決起し、桂小五郎、伊藤博文、山県有朋らの多くが初期の明治政府でハッピーな重要ポジションにつき、明治天皇の権威が増すとともに、長州閥がノシ上がっていったのである。

南朝復活の陰のシナリオライター

南朝天皇を熱望していた人物がもうひとり。吉田松陰亡き後、この男が南朝天皇復活のシナリオライターとなる。

横井小楠(よこいしょうなん)だ。

熊本藩士で政治家、思想家、経済学者でもあるが、正体は不明な点が多い。松陰がハデに騒がれるのに、こっちは地味で影も薄い。

あの勝海舟が「怖ろしい男」と評してリスペクトし、坂本龍馬にとっても師匠的な存在だ。幕府開明派のトップで福井藩主の松平春嶽にいたっては、小楠をアドバイザーにすべく、わざわざヘッドハンティングで熊本藩から呼びよせている。

筋金入りの南朝崇拝主義者だ。水戸学の大家・藤田東湖(ふじたとうこ)に会ってすっかり心酔し、小楠という号も楠木正成の子正行(まさつら)の小楠公にあやかっている。

「南朝こそ正統である。南朝の下に、反幕勢力をまとめ上げろ」

幕末の志士たちに檄を飛ばす小楠。

「孝明が時代遅れのジョーイにこだわり幕府をかばうのなら、天皇もろとも倒してしまえ」と超過激なオヤジだ。視野が広く、根っからの開国論者である。

横井小楠と吉田松陰には接点がある。長崎に出かけた松陰が何度も小楠と面会、重ね

勝海舟、坂本龍馬、西郷隆盛、多くの英傑が称賛する人物、横井小楠

勤皇思想・水戸学の大家である藤田東湖。小楠はじめ、幕末の志士に多大な影響を与えている

た密談の中身は、脳天気な世間話ではない。ずばり倒幕！　松陰は、小楠を長州藩で抱えようとしたが実現しなかった。

その席で松陰は「長州で南朝の末裔を囲っている」と打ち明けたのではないか。

私はこのふたりの話し合いで、南朝すり替えがぜん具体的になり、現実味を帯びたのではないかと思っている。

●孝明天皇の態度いかんでは、天皇すり替えはなかった!?

公武合体で、孝明は完全に幕府の手に落ちた。

反幕勢力は巻き返しを狙って孝明引き剥がしを画策。しかし、幕府が攘夷をやってくれるものと信じている孝明は、梃子でも動かない。この調子ならいつまでたってもラチが明かない。反体制派＝反孝明という色あいを濃くしていく。平たくいえば「邪魔だから殺してしまえ」という流れに潮目が変り、同時に南朝革命プロジェクトがスタートした。

もし、この時点で、孝明が反体制派の言うことをきき、開国と倒幕を容認していたら、そのまま神輿に担がれてたのではないだろうか。

まだこの時点では北朝だ、南朝だは極秘中の極秘、表面には出ていない。「尊皇」すら薄まって「親英米」になっているのに孝明はまだ大局も小局も読めず「攘夷」を放さない。頑固な孝明はむしろ敵だ。そんな空気が反体制派全体におおい、ますますイギリスへとシフトしていく。で、いつしか完璧に「攘夷」のスローガンがどこかに消えてしまっていた。

「ソンノー・ジョーイ」の熱狂はどこへやら。いつの時代もそうだが、政治勢力というのは大衆をどういうお題目でアオリ、まとめるかが重大な戦略だ。クソいまいましい政敵を前に、かんたんに団結できる分かりやすいスローガンだ。

幕末は「尊皇攘夷！」、戦中は「鬼畜米英！」戦後は「安保反対！」、今ならさしずめ「安保法制反対！」か。スローガンはウブな大衆をまとめるツールだ。

尊皇攘夷よサヨウナラ。倒幕開国へ第三の勢力が結集

外国勢力と戦争をしてコテンパンにやられた薩長は、武力ではムリだと身にしみて理

解した。攘夷は寝物語だ。ならば手を組む。さすがは第二次大戦であれほど憎み、原爆まで落とされたのに、ひらりと手の平返しで一の子分になってしまう民族である。薩長もガッツリやられたのに恥も外聞もなく英国の武器、制度、思想……みんなお願いしますと180度の転向だ。こうして維新革命は「薩摩+長州+英国」の連合体を中心に、新しい局面へと動き出したのである。

「尊皇攘夷」に替わるスローガンは「倒幕!」。

むろん倒幕勢力は一枚岩ではない。武闘派と、穏健派に分かれる。武闘派の代表は岩倉具視、大久保利通、桂小五郎、中岡慎太郎（なかおかしんたろう）。穏健派は勝海舟（かつかいしゅう）、坂本龍馬（さかもとりょうま）などだ。「幕府を倒して新生ニッポンをつくる」。この点は両者共通しているが、そこにいたる手法が真逆で、命を奪い合うほどの激突に発展するのである。

教科書で知られる歴史では、この後、大政奉還（たいせいほうかん）で一度は平和革命が成ったように見えるが、武闘派の巻き返しで鳥羽伏見の戦いが起き、劣勢になった幕府が敗北。表層の事実だけを追うと、そう書かれている。

しかし、これだけでは、なぜ大政奉還で平和的に政権を握ったにもかかわらず、それをわざわざ破棄してまで、薩長と朝廷はリスキーにも幕府と戦ったのか？　まったく意味が分からない。

疑問が起きないのだろうか？　ＷＨＹ？　私のいう「日本人は、疑問を友人に持たない」というのは、こういうことを言うのだ。

せっかく政権奪取した後に、朝廷はそれを自ら潰した。なぜ、ひょっとしたら負けるかもしれない大リスクを犯したのか？　質問は闇を照らす懐中電灯だ。

で、こういう答えが浮上する。

戦争は必要だった。倒幕の密勅のシナリオは、倒幕勢力の中に隠れていた「南朝天皇復活」をめざす第３勢力の元で練られている。「思いどおりに動かない天皇なら殺してしまえ」という過激な思想。

岩倉具視、大久保利通、桂小五郎、伊藤博文ら強烈な男たちが主導している。

孝明を排除して、その後に誰をもってくるか？　親を殺しておいて、その子どもの睦仁に継がせるわけにはいかない。吉田松陰の奇想天外なアイデア以外にない。自分たちが使いやすい人物を天皇にする。

秘密計画が動きはじめる。計画は最後まで伏せられ、静かに進む。エサのスローガン、「尊皇」は手放せない。それに吸い寄せられる不安定でウブな不満分子。

かくして鳥羽伏見が爆発した。

南朝人脈に連(つら)なる幕末スター軍団

孝明北朝天皇から南朝天皇へ。この事実は決して語られることはない。しかし、少し調べれば、明治の支配者たちにもともと南朝崇拝者が多いことに気付くはずだ。

薩摩藩には、西郷隆盛や大久保利通が中心の「精忠組」という組織がある。これはずばり尊南朝の集まりで、楠木正成を祀る「楠公神社」を建てている。前述したように、西郷はれっきとした南朝崇拝者。西郷家のルーツは肥後(熊本)・菊池家の家臣だが、この菊池家は南朝の雄だ。

佐賀藩の南朝崇拝者には天才、江藤新平(えとうしんぺい)がいる。南朝の南をとり、江藤南白(なんぱく)というペンネームを使うほどだ。大隈重信(おおくましげのぶ)とつくった尊南朝の組織「義祭同盟」は、幕末の佐賀藩をリード、中心となる。

南朝の末裔、大室寅之祐を囲っていた長州といえば、言わずと知れた松下村塾のメンバーだ。

こうした各藩の尊南朝反幕勢力が、アメーバ的につながって、核となっていく。

南朝連盟に坂本龍馬が含まれていた気配はない。龍馬も南朝派だが、すり替えまでは知らなかった。あくまで英国式でいきたい。英国には王様がいて、議会がある。頭には

松下村塾の門下生である高杉晋作は、早い段階で南朝革命を目指していたのではないか

佐賀藩士だった大隈重信も、れっきとした尊南朝派だ

それしかなかった。南朝とか北朝などナンセンスである、と考えていたふしがある。龍馬のバックは勝海舟、幕臣の親分格だ。だから徳川は見捨てない。みんなで仲よく一致団結、知恵をしぼって議会制に移ればよい、あれこれ気にするな、と鷹揚(おうよう)だった。

岩倉はどうか？　もともと南朝派というわけではなかったが、孝明に睨まれ、土佐勤王党に脅されて蟄居(ちっきょ)。だからと言って弱気の虫に襲われるタマじゃない。復活の道は孝明追い落としだ。ちょうどそのころ秘かに岩倉の力を利用しようと蟄居先に訪れる者がいた。薩摩の大久保利通だ。強く手を結ぶ二人。ふたりはひとつになって革命に走り出す。

賞味期限が切れた孝明天皇は暗殺されている!?

南朝秘密同盟にとって「倒幕＋南朝天皇」は、セットプランだ。他のバージョンはない。そうなれば攘夷だけの孝明は賞味期限切れの邪魔者。「排除の力学」が働くのは当然の話だ。

おりもおり、1867（慶応3）年1月30日（旧暦1866年12月25日）に孝明天皇が死去。36歳。まだ若い。しかも突然だ。天然痘による病死とされているが、外部との接触はまったくなく、隔離された奥で朝から晩までの一日が完結する天皇、伝染病など信じられる死因ではない。私は暗殺されたと思っている。当初から囁かれていたことで、情報通のイギリス領事館勤務アーネスト・サトウも、暗殺の噂をわざわざ日記に残している。

半年前には徳川14代将軍家茂が大坂城で死亡。こちらも病死とされているが、臭い。孝明天皇と、義理の弟家茂の関係は良好だった。ふたりの共通点はただひとつ「攘夷」。対する薩長は真逆の「親英」で結ばれている。

「天命に見放された無能なトップならば、排除せよ！」と叫ぶ南朝秘密同盟。彼らはすでに「英国を信じる者は天下を取る！」に変化してきているのだが、そんな時、間をおかずの、二人の突然死。タイミングがよすぎる。

「いや、ご両人は病死だ」と、どうしても言い張る人がいる。そんな人を見ると、絵に描いた蓮(はす)に止まってしまうトンボを思い出す。

孝明の死から、幕末が加速する。鼻の差で龍馬が主導する無血開国派が大政奉還でゴール。これでひと安心と思いきや「どうも相手の動きがおかしい」と龍馬が感じはじめる。大政奉還で朝廷に政権を返したのに、「倒幕の密勅」とはなんだ？　薩長の動きがキナ臭い。

それもそのはず、大久保や岩倉たちにしてみれば、このままいけば天皇は孝明の子、睦仁のままだ。そうなれば睦仁は旧幕府側に囲われているので、国は徳川のほうへ持って行かれる。「尊皇」で来た以上、天皇が自分たちの自由にならなければ天下は取れない。

「すり替える！」

奇想天外、仰天動地。具体的にどうするのか？

武力で騒乱状態をつくり、一気に御所を囲んで南朝天皇にすり替える。

挙兵の前に立ちはだかっていたのが龍馬だ。動乱に持ち込むためには幕軍を握っている勝海舟の右腕、龍馬をどうしても粉砕しなければならない。

この世には、わけのわからない殺人などくさるほどある。しかし龍馬暗殺は、明らかな動機とまぎれもない状況証拠に囲まれている。

●――天皇すり替えはこうして行われた⁉

それでは天皇すり替えはいつ、いかにして行われたのか？　ここからは極端に少ない資料をつなぎ合わせ、推理を重ねるほかない。

睦仁は践祚（せんそ）している。「即位の礼」はなかったが、天皇である。

警護は固い。いきなり拉致は無理だ。ではどうするのか？

倒幕ならターゲットは江戸だ。しかし狙っているのは天皇だから京都となる。けばけばしくも大げさに鳥羽伏見の戦いに持ち込み、一気に御所を乗っ取るプランだ。

当時の史料を調べて不思議なのは、鳥羽伏見の戦いの最中、明治になって胸にいっぱい勲章を付けた英雄たちが、どこで何をしていたのかさっぱり分からない点だ。大久保は何をしていたのか、伊藤博文はどこにいたのか、桂小五郎はどんな活躍をしていたのか、勝海舟だってアリバイがない。本人たちは黙して語らず、岩倉も三条も口を閉ざしている。ぼんやりと分かるのは西郷くらいだ。

天下分け目の歴史的戦いである。その場面に立ち合えば、自慢話のひとつもするものだ。

「俺はあそこで、こんな手柄を立てた」「あの橋のたもとにいたが、弾が雨、アラレと降ってきて……」。

ところが誰も何も言わない。

つまり、西郷を除いて、みんな言えない所にいた。そうは考えられないだろうか。言えない所は1ヶ所。御所である。その場には少なくとも岩倉、三条、大久保、吉井、桂、伊藤の六名がいた。なぜそう考えるかというと、この六名は鳥羽伏見の戦いの時、アリバイがないからだ。替え玉（のちの明治天皇）は女装だった。これは「失敗したら天皇は女装で逃がす」という桂小五郎の書簡からの推理だ。

語るに落ちるとはこのことで、この天皇は睦仁ではない。睦仁は御所に住んでおり、幕府に天皇を逃がすなどという考えは一切ない。薩長が御所を攻め「失敗したら女装させて逃がす」のであって「すり替えに失敗したら、替え玉天皇を逃がす」という意味である。

この状況は実際の記録に照らし合わせても矛盾がない。

「1868（慶応4）年1月3日（旧暦1867年12月9日）、朝議を終えた公家衆の退出後、薩摩兵などが御所の門を封鎖。御所への立ち入りを厳しく取り締まった。その後、岩倉らが王政復古（おうせいふっこ）の大号令（だいごうれい）を発し、新政府を樹立した」。

すなわち、御所を襲った岩倉たちが、そこで働く女官や公家などを力づくで全員たたき出し「今日からおまえたちは立ち入り禁止である」と宣言し、一切だれも近づけなくしたのである。睦仁の顔を知っている人間をすべて排除、すり替え作業は完了した。

ただし、睦仁の妻である一条美子（昭憲皇太后）だけは別だ。追い出すことも、殺すこともできない。なぜなら、名門・一条家は公家にも武家にも血脈が広く及び、敵にはできない関係を築いているし、まして美子の父親である一条忠香（いちじょうただか）は岩倉支持派だ。敵に回せない家柄で「何も見なかったことに」と箝口令（かんこうれい）でおさめた。

その後、薩摩は気をそらすように江戸であばれる。江戸を戦場に見せかけて、鳥羽伏見を突き、京都を完全に制圧した。

さて南朝天皇は新人だ。

教育係には、今までの慣例を一切廃止、武士を採用した。御所の人事も刷新、事情を知るものだけでまわりを固めたのである。この教育係のトップが西郷隆盛で、厳しく明治天皇を育てている。そういうわけで明治天皇は西郷に好感を持たず、西南戦争で死んだ西郷に対して「ざまあみろ」といったニュアンスの言葉を綴った手紙が残っている。

それでは、もともと御所にいた孝明天皇の子、睦仁はどこへ消えたのか?

私はある高名な政治家からも聞かれたことがある。「睦仁は殺されたのですか?」と。

私は、しばらくは生かされていたと答えた。どこかに幽閉し、すり替えがバレたときは、「何を言っている。万が一のことを考え安全な場所に匿っていたのです」と言ってマジックよろしく本人を出現させるだんどりだ。念には念を入れ、あらゆることを想定し、当分は睦仁を生かしていたというのが私の推理だ。

どこで?　いつまで存命だったのか?

これは後ほど詳しく紹介する。

政府も天皇も、すり替え事実の発表時期をうかがっていた

天皇すり替え。この前代未聞の大スキャンダルを裏付ける証拠は、すでにいくつか紹介しているが、じつは明治天皇自身か即位後に数々の南朝賛美の告白事業を行って仄めかしていた。

表向き北朝の明治天皇がわざわざ仇敵である南朝を讃えるなど、あたかもすり替えに気付いてくれよ、と言わんばかりだ。

まずは第一弾、1869(明治2)年、南朝武将バンザイ神社の建立と再興だ。

1889(明治22)年には南朝の皇族や武将を祭神とした、建武の中興15社の建立を命じている。後醍醐天皇をはじめ、後醍醐天皇の息子たちや楠木正成などを祀る神社を次々と建てたのだ。なぜ北朝ではなく、わざわざ南朝だけなのだ?

そして1897(明治30)年には、なんと皇居に南朝の忠臣・楠木正成の像を設置。北朝天皇が朝から晩まで暮らす住居に、敵勢力、憎き南朝のシンボルをこれみよがしに置く。これがどれほど異常なことか、ホワイトハウスに東条英機の像が建っているよう

な光景で、とうてい信じがたい。

南朝礼賛は止まらない。1877（明治10）年には元老院がギアを切り替え、正史を北朝天皇から南朝天皇にした。また、1883（明治16）年に発表された歴史書『大政紀要』では、北朝天皇は天皇といわず、「帝」とよぶように制定。なにも知らなければ無意味でムダな作業を地味にこなしている。

北朝天皇がおわします皇居に、殺し合った敵、南朝の英雄・楠木正成の像が立つ怪。一体これをどう理解すればいいのか？

明治十六年十二月
大政紀要
執務参考資料
興亞院政務部

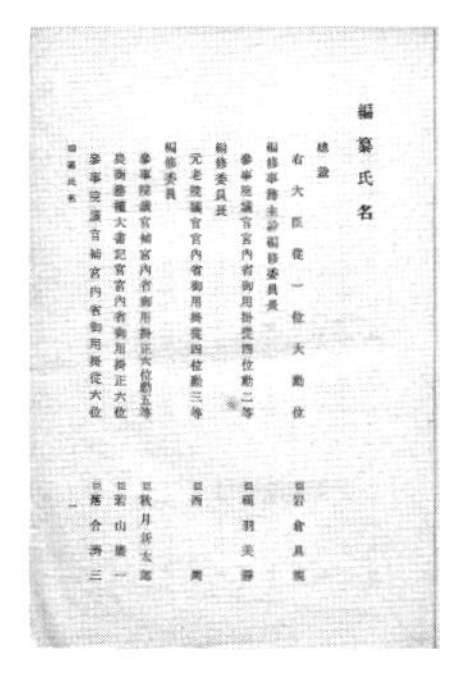

編纂氏名
総裁
右大臣従一位大勲位 岩倉具視
編修事務主任編修委員長
参事院議官宮内省御用掛従四位勲二等 福羽美静
編修委員長
元老院議官宮内省御用掛従四位勲三等 西周
編修委員
参事院議官補宮内省御用掛正六位勲五等 秋月新太郎
大蔵権大書記官宮内省御用掛正六位 若山儀一
参事院議官補宮内省御用掛従六位 落合済三

明治16年に発表された『大政紀要』で、天皇正史を北朝から南朝へ切り替えた。編纂者に岩倉の名もみえる

極めつけは明治天皇崩御の1年前、1911（明治44）年のことである。

帝国議会（現在の国会）において、

南朝と北朝のどちらが正統かという議論が巻き起こったのである。まだ明治天皇が存命時にだ。明治天皇はむろんすり替わった南朝天皇だ、などと告白していないから、表向き北朝天皇だ。しかも現人神である。今とは較べものにならないほどの権力者だ。おそれ多くも国会で南北のどっちが正統か？　など怖くて議題になるわけがない。ところがわざわざやらかしている。で、南朝が正統だと決議したのである。

小学生でもわかるように言うと「現在は北朝ですから正統ではない、不当な天皇です」と国会が言っちゃったのである。これが国会での正式決議だ。

ここまでくると庶民はワケがわからなくなる。「ぶっちゃけ、どうなのよ？」と聞きたくなる。この矛盾に疑問を感じない読者はいないはずだ。これでもまだ、北朝天皇が皇位を継承していると信じて疑わない人は、よほど問題意識を持たない人なので、この先を読んでもムダであろう。

最初はおびえていたすり替え天皇も、次第に環境に慣れ、実権を握りはじめる。服従させられた男が、服従させる男に変わったのだ。

偽りが嫌になってくる。この辺の心境は黒沢明の「影武者」を観れば、より理解できるはずだ。

「窮屈な思いはたくさんだ」「嘘はうんざりだ」「オレは南朝の子孫で、正統だ。なぜ宣言できないのか？」。

仮面をはずして堂々と宣言したかった。

岩倉、大久保、桂たちも最初は頃合いをみて発表しようと思っていたのではないか。作戦としては南朝賛美を小出しにしながら、北朝側の動きや国民の反応をうかがい、頃合いを見てというところだ。しかし、明治以降、横井小楠暗殺、岩倉具視襲撃、大久保利通暗殺など、散発的なテロが後を絶たず、そんな空気の中「じつはすり替えておりました。でも南朝が正統なのでこれでいいのです」という宣言は、大きすぎる賭けだ。

さらにやっかいなのは、真実を知っているかつての仲間だ。権力闘争に敗北し、新政府から出て行った不満分子が天皇すり替えを暴露すれば、明治新政府が吹っ飛びかねない。江藤新平の佐賀の乱、西郷隆盛の西南戦争などは、政府側の恐怖心からの口封じという一面も多分にあったと私は考えている。征韓論で対立したなどというのは、ただの口実、言いがかりだ。

そんなこんなで「未だ発表の時期にあらず」。

この判断でずるずると今日まで来てしまって、前人踏襲、無難人間の政府関係者はだれも言いだせない。日本人は愚かな人も賢い人も、問題の先送りという罠が好きだ。たくみな陰謀に乗せられているうちに、どんどん変なことに引きずり込まれ、しまいに真実を敵に回してどえらい失敗をやらかしてしまうのだが、先送りの近衛兵（このえへい）は疑問を持たない頭脳だ。

おかしいと思えない、なぜだろうと追及できない頭こそイノベーションを阻害するものである。

じつは「西郷隆盛の写真はこの世に存在しない」という次章のテーマにも、この南朝天皇すり替えが深く関わっている。そのカギを握るのが、幕末の志士たちの集合写真だ（口絵参照）。一般に「フルベッキ写真」といわれている46人撮り。私が調べたかぎり、まん中にいるのがすり替え前の明治天皇、つまり長州にいた南朝の末裔、大室寅之祐（おおむろとらのすけ）だ。

これ以上は次章に譲るとして、私はこの明治天皇すり替えをテーマに本を出版したり、講演するたびに、日本人の臆病さを痛感している。

私の話を幾度(いくど)でも聞きたいくせに、聞いた事実を隠すのである。

私にとって北朝だろうが南朝だろうが関係ない。真実はどうなのか? 本当のことを考えたい、ただそれだけである。

幕末から現代までの皇室系図

第125代の今上天皇（現在の天皇）からみて、孝明天皇は４代前、明治天皇はたった３代前の天皇だ。この章で紹介したことは、けっして遠い昔の話ではない。

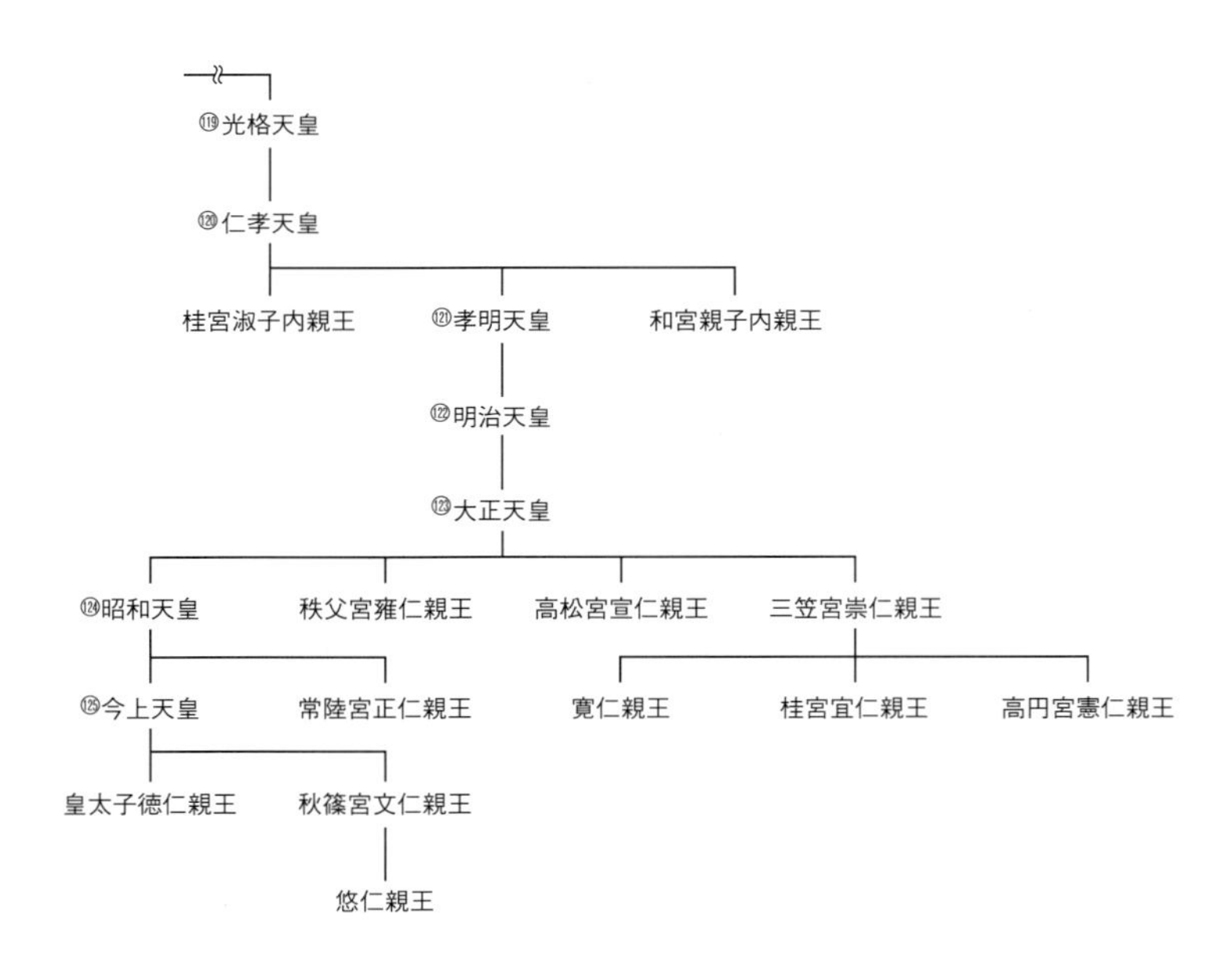

第3章

実物とは異なる西郷隆盛の肖像が広められた真相

太い眉、迫力のある大きな瞳。西郷隆盛の顔写真は教科書でもおなじみだ。精悍な中にも優しさの漂う面立ちは、いかにも「西郷どん」である

西郷隆盛は、1827（文政10）年、薩摩藩の下級藩士・西郷吉兵衛隆盛の長男として誕生。次弟は戊辰戦争で戦死した西郷吉二郎、三弟は明治政府の重鎮・西郷従道、四弟には西南戦争で戦死した西郷小兵衛を持つ。陸軍大臣などを歴任した大山巌は従弟にあたり、海軍大将・川村純義も親戚だ。

薩長同盟成立や王政復古に大きく貢献し、戊辰戦争では事実上の司令長官だ。江戸総攻撃を前に勝海舟との交渉に当たった「江戸無血開城」は、誰もが知る歴史の名場面で、明治維新後は参議として新政府へ参加。陸軍大将・天皇を守るトップ近衛都督も務めている。

岩倉使節団の外遊中には留守政府を預ったが、帰国した大久保利通らと朝鮮との国交

回復問題（征韓論）で対立。1873（明治6）年の政変で江藤新平、板垣退助らとともに下野。その後、鹿児島に戻り、私学校での教育に専念するが、1877（明治10）年に私学校生徒の暴動に端を発した西南戦争を起こし敗れて自刃。波乱万丈の51年を閉じる。

西郷は幕末維新の英傑のひとりだ。これが通り一遍の教科書的解説である。

目鼻立ちのはっきりとした豪胆なマスクが印象的な肖像画も、誰もが一度は目にしたことがあるに違いない。ところが意外にも、肖像画や上野公園の銅像は「西郷本人とは似ても似つかない」という証言が数多い。

幕末の志士、明治の顕官（けんかん）たちの写真は多いが、西郷の写真は現存しない。なぜ、よりによってヒーロー西郷隆盛の写真がないのか。

その源をたどっていくと、やっぱり日本史のタブー、天皇すり替えにいきつく。

本でよく見かける西郷の顔。どれも申し合わせたように似た特徴をもつ肖像画。しかし、西郷を知る人たちは「これはまるで別人」という

これが加治史観

たった一枚の写真をこの世から抹殺するため、実物とは似ても似つかない西郷隆盛の肖像画や銅像がつくられた。その背後には禁断の天皇すり替えの隠ぺい工作がある

智将、勇敢、情のある西郷は今も大人気

西郷人気は衰(おとろ)えない。

南朝への敬意から「南洲」という号をつけ、菊池源吾という変名を使った時期もある。その名を逆読みすると「吾源(わがみなもと)は菊池なり」となる。菊池家は肥後(熊本)を拠点にした南朝の武家で、西郷家はその家臣だった。西郷のルーツは南朝だ。

西郷の幕末から明治維新にかけての活躍は、説明を要しない。あの大混乱をかいくぐり、薩摩藩、いや倒幕勢力全体を引っ張ったリーダーシップは特筆に値する本物だ。

官軍は西郷でまとまった感がある。西郷の器、凄み、これにみんながやられた。西郷

の魔法のようなカリスマ性が日本の歴史を動かした、といってもいい。その点同じ薩摩藩の実力者・大久保利通にゆさぶる魅力はない。知略と冷徹さで恐れられていただけである。

西郷も余計なことは言わない男だったという。泥臭いがどこかラグジュアリーで近寄りがたい雰囲気が漂い、「居酒屋で一緒に飲みたい歴史上の人物」ではランク外だ。存在が重すぎるのだ。もっとも西郷は下戸だった。ランキング上位は常に坂本龍馬と勝海舟だ。勝の著作として名高い『氷川清話』のような「べらんめえ調の江戸弁」で話されたら、距離感が10cmに縮まり、つい気を許して話に引き込まれる。

歯に衣着せぬ物言い。生粋の江戸言葉は、勝海舟のイメージそのもの

新政府はできたが、官軍に参加した藩は、薩摩も長州もさっさと自国へ帰ってしまう番狂わせ。防衛上、東京はガラ空きとなる。守ってくれる軍隊がない。旧

幕府が体制を立て直して攻めてきたら、一巻の終りだ。

「ただちに政府軍の組織を！」。大久保と岩倉が徴集するが、各藩は「地元がガタガタだから余裕がない」と、暗にカネやポジションを要求してくる。

「クソ！　ケチなこと言いやがって……」と言ったかどうかは知らないが、こうなればやはり頼るべきはあの男、国許に帰っていた西郷ドンに泣きつく他はなかった。戊辰の想いにふけっていた頼れる男西郷が「わかった」とのっそりと腰をあげる。あっという間に御親兵を組織。これが日本の最初の軍隊であり、後の近衛兵となる。

このとき、戊辰戦争での賊軍、庄内藩や米沢藩なども人を出している。西郷の人徳だ。

出羽庄内藩11代藩主・酒井忠篤。官軍との戦いで連戦連勝を誇った庄内藩を率いた

彰義隊が戦った上野戦争から逃れた輪王寺宮（後の北白川宮能久親王）は、官軍に対抗する奥羽越列藩同盟の元首、「東武皇帝」を名乗る

戦いで彼らを最後まで追い詰めず、東北諸藩はその恩を忘れなかった。

こんな話も伝わっている。

反薩長組織、奥羽越列藩同盟は、上野寛永寺にいた輪王寺宮（孝明天皇の義弟）を元首に迎え、東武皇帝と称した。これでむこうが官軍ならば、こちらも官軍である。互いに相手を賊軍と呼んだのだが、すり替えがバレていたら、こっちが本物の官軍となっていた。それはさておき、なかでも庄内藩（山形・十七万石）の猛反撃は、すさまじかった。

しかし、西郷はこの庄内藩さえも許した。藩主の酒井忠篤を打ち首にするどころか、明治新政府に出仕させる温情を与えている。救われた庄内藩士たちは男泣きに泣き、中には西郷を慕い、西南戦争で殉死を志願した者もいた。

西郷はウソで引きこもった⁉

輝かしい実績を残し、多くの人にも慕われた西郷だが、その行動には奇怪さが漂っている。心中自殺未遂、引きこもり、無気力など、まるで別の人物かと思えるような言動の数々。

西郷の引きこもりは有名で、突然の職場放棄、急の帰郷、隠遁（いんとん）には処置なしだった。戊辰戦争での最終局面、庄内藩を降伏させた西郷は、「さあ、これから」という時に江戸を素通りし鹿児島へ直帰。あらゆる面会を断って、一人田舎でウサギ狩りに興じている。新しい国づくりは急務だ。カリスマ西郷が必要である。岩倉具視や大久保利通も再三再四使いを走らせて、どうにかこうにか西郷を国許から引っ張り出す。前述した御親兵などを創設したのはこの頃である。

しばらくは期待どおりに仕事をした。ところがまた、なにが気に食わないのか、すねるように鹿児島への引きこもりだ。

「西郷は明治維新を境に人が変わった」という歴史学者もいるが、それはほんとうで、私はこうした不可解な行動は、ウツによるものだと考えている。

もうひとつ、西郷には自殺願望がある。30歳のときに世をはかなみ、月照（げっしょう）という僧侶とともに入水自殺をはかっている。男同士の心中はゾッとするが、このときは月照だけが死に、西郷は生き残っている。

八月十八日の政変で京都を追われた三条実美らは、太宰府天満宮の延寿王院に3年間滞在していた。この間、西郷をはじめ、高杉晋作、坂本龍馬など、多くの志士たちが太宰府を訪れている

征韓論で政府が紛糾したときも、板垣退助らの強硬派を抑えるため「おいどんが韓国との直談判に駆けつけたい」と主張する。そこには、死を覚悟した西郷の姿が見え隠れしているのだが、何が西郷を死に急がせるのか。これもウツだと思えば辻褄が合う。

私は自閉症のひとつである、アスペルガー症候群も疑っている。突き抜けたカリスマ性というのは、得てしてどこか常人とは違う精神的な病(やまい)に近いものから発散する場合が多いのだ。

私が取材した太宰府天満宮でも、西郷の奇異な行動が語り継がれている。

八月十八日の政変(P96参照)で長州へ

逃れた三条実美らが、やがて太宰府天満宮へ移動する。その際、西郷は三条たちを匿いながら、何ヶ月かを共に過ごしている。そのときの話だ。

西郷は毎朝の詣でを欠かさなかった。しかし、本堂の門から中へは、絶対に入らなかったという。門はいわゆる結界で、「汚れた人間が、そこから先に入ることはできない」といって、外にとどまって拝んでいた。しかも、左手を受け皿のようにして油を入れ、そこへロウソクの芯を入れて火を点ける。手のひらへの直火など、熱くてとても並みの人間に出来る芸当ではない。じりじりと焼けるのもかまわずに平然と一心不乱に拝み続ける。この鬼気迫る姿に、怖くて誰も近づけなかったというが、これも病的だ。

西南戦争での西郷は、神輿の上のお飾りだった

西南戦争は日本人同士が殺し合った最後の戦争だ。岩倉、大久保が牛耳る明治新政府と薩摩士族との対決である。

かんたんに言うと「私学校」に集結した士族は、中央政府からの独立を主張。これに対して、政府が陰謀的挑発をしかけ、それに乗った士族たちが武器をとった分離独立戦

争だ。薩摩兵を指揮したのは西郷ではない。西郷はただ担がれていただけである。

その根拠は、西郷と会った友人、アーネスト・サトウの日記だ。サトウは英国の外交官で、駐日大使に登りつめた人物である。薩長と太いパイプを築き、明治革命を主導していたのは明らかで、対日工作員といった方がしっくりいく。

西郷とはツーカーの仲だ。ご一新までは友人としても緊密な連絡を取り合っていたのだが、維新後のある時期からぱったりと西郷が顔を見せなくなる。この辺もウツなのだが、やがてサトウの耳に飛び込んできたのが鹿児島での騒ぎである。心配になったサトウは情報収集もかねて鹿児島へ入った。

再三の呼びかけに西郷の反応はなかった。じりじり焦るアーネスト。不意に現れたのはかなりたっての1877（明治10）年2月11日のことである。その時、20名ほどの護衛が西郷をとりまいていた。

〈彼らは西郷の動きを注意深く監視していた。そのうちの4、5名は西郷が入るな、と命じたにもかかわらず、西郷に付いて家の中に入ると主張してゆずらず、さらに二階に上がり……〉

記述を見る限り、奇妙なことに護衛であるはずの連中がカリスマの西郷に逆らっている様子が述べられている。絶対的な尊敬を集めていた大人物、明治の元勲を通り越して「維新の三傑」と呼ばれた薩摩の宝だ。その西郷に護衛ごときが楯突くとは、なにがどうなったらそうなるのか。

サトウの日記には、そのときの西郷の様子を「大将ではなくて囚人のようだった」とある。西郷はもともと口数が多いほうではないが、それが西南戦争の頃には何もしゃべらなくなったと言う。

互いに旧知の仲、サトウは西郷を「非常に聡明で理解も早い」と高く評価し、革命をともに成就させた戦友だ。胸襟を開き、鹿児島の正当性を主張し、何が起きているのかを語ってもいいはずだ。

サトウは日記で〈いったいどうしたというのだろう。まったく意味がわからない。西郷は全然話をしない〉と困惑している。〈西郷とわたしは二、三言葉を交わした〉〈会話は取るに足らないものであった〉と記している。

最後に護衛が「もういいだろう」と命じて連れて行っている。確かにこれでは捕虜だ。

西郷は監視されていたのだ。

無気力で無反応。そんな状態の西郷を、まわりの連中が辛辣に担いだということである。薩摩軍の戦い方を見ればわかる。さして重要でもない熊本城にこだわり、だらだらとした攻撃で消耗し敗北する。あの戦い方はまったく西郷的ではない。西郷の指揮だったら、熊本城など素通りし、反政府的な旧佐賀士族、旧土佐士族などを巻き込んで合流、一気に首都東京を目指すなどぜんぜん違う展開になっていたはずだ。

西郷は「天皇にモノ申す」として上京しようとした。しかし、これも西郷の考えではないと思う。西郷の取り巻きが、天皇すり替えというタブー暴露を突き付け、総辞職を迫る策に出た。私はそう考えている。

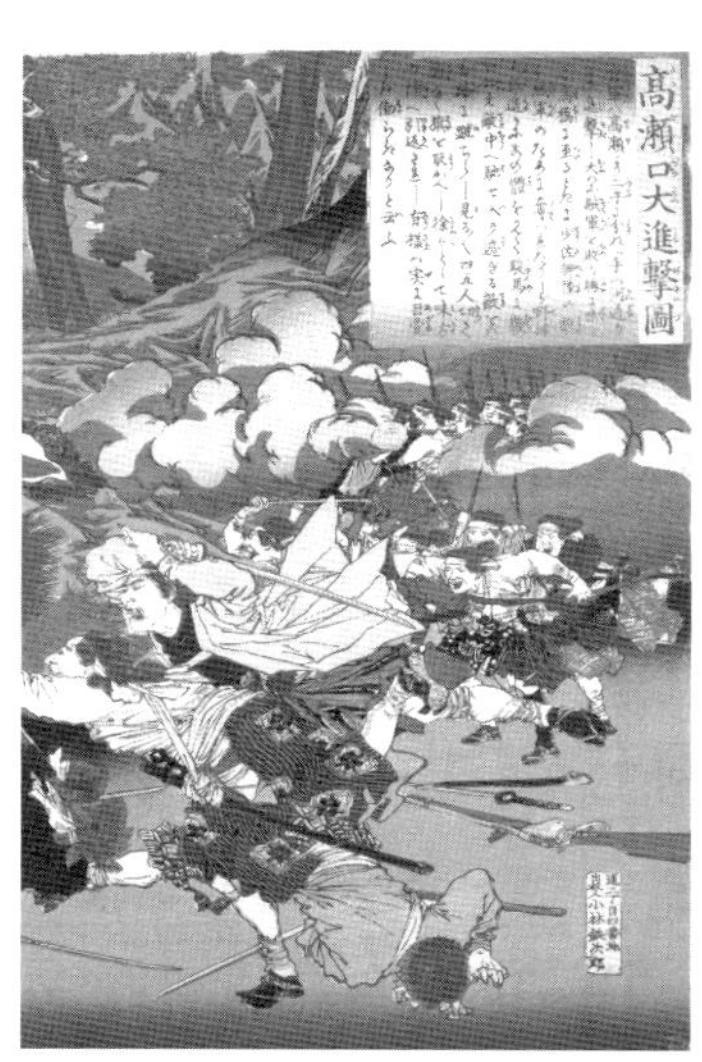

1877（明治10）年に勃発した西南戦争は、士族の反乱としては最大規模のもの。この頃の西郷は自分の意思ではなく、まわりに担がれて仕方なく、言われるままに行動していた
『西南戦争錦絵』より

「天皇すり替え」は、政府に対する最後の切り札だ。明治新政府も過敏になっている。佐賀の乱での江藤新平、西南戦争での西郷隆盛。どちらもこの「虎の尾」を踏み、抹殺されたのだと思っている。

共に幕末を闘った秘密結社、南朝革命同盟の掟は処刑の方法まで決まっており、それが梟首（きょうしゅ）という無残なさらし方だ。明治維新の大功労者ふたりが晒（さら）し首にされるなど、よほどの理由がなければありえないことだ。

フルベッキの46人撮り写真に、その「虎の尾」ならぬ「寅之祐（とらのすけ）」が写っている。

みんなが知っている「西郷さん」は架空の肖像画だった

歴史に君臨した西郷なら、肖像写真の一枚くらいはあってもいいはずだ。幕末明治史に名を残す人たちのほとんどが、何らかの形で写真におさまっているのに西郷だけはない。ここで知性のエンジン、なぜか？　という疑問が始動する。

テロ防止のため、顔を知られぬよう写真を撮らなかった。または処分したという説がある。ナンセンスだ。一度会ったら絶対に忘れない際立った男が、面が割れることに神

キヨソーネの西郷肖像

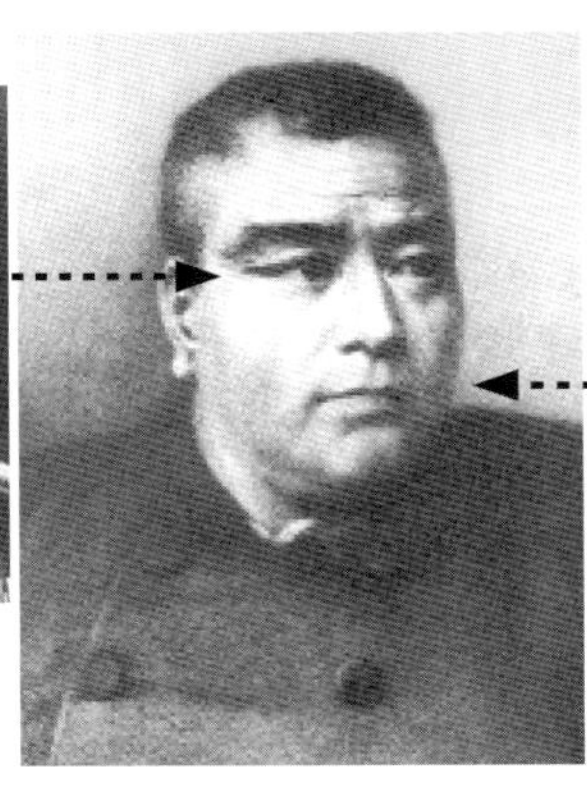

西郷の実弟西郷従道（左）、従弟の大山巌（右）。
ふたりの顔を合わせてできたのが、われわれのよく知る西郷の顔

経質になる。そんなムダで細かいことは西郷に似合わない。

われわれがよく目にする西郷は、肖像画だ（上の写真参照）。キヨソーネという明治政府お抱えのイタリア人・彫刻師が描いたものである。肖像画は、ふつう本人を目の前にして描くものだが、キヨソーネが西郷本人とは会った形跡はない。

どうやって描いたのか。

上の写真を見れば一目瞭然だ。

目元は弟の西郷従道を参考にし、顔の輪郭や鼻、口元は従弟の大山巌から取っている。

この実物とは似て非なる顔がイメージとして定着した。

どこかほんわかとした雰囲気のある、上野公園の西郷隆盛像。あえて武士や軍人といった、勇ましいイメージを払拭させる意図がある

「上野の西郷さん」でおなじみの、上野公園にある西郷隆盛像も、キヨソーネの肖像画に近い。

銅像の完成は1897（明治30）年。翌年の除幕式に出席した未亡人の西郷糸子（いとこ）が銅像をひと目見るなり「こげなお人じゃなかったこてえ！」とあたりかまわず叫び、「浴衣を着て散歩なんてしていなか」と不平を漏らしていたという。西郷夫人がいうのだから間違いない。なぜショックを受けたのか？　それだけ肖像画も銅像も西郷の実像とはかけはなれた雰囲気をかもしだしていたからである。

作者は高村光雲。詩人・高村光太郎の父だ。当時、光雲は東京美術学校の主任教授で、こちらもキヨソーネ同様、政府お抱えであり政府筋の無茶な要求でも断りにくいポジションにいた。

●――キヨソーネ、西郷、明治天皇。3人を結ぶ線の向こうに……

なぜ西南戦争の国賊、西郷の銅像を建てたのか？

制作動機は不純だ。時の内閣総理大臣は松方正義（まつかたまさよし）で、れっきとした旧薩摩藩士だが、鹿児島での人気はさっぱりだった。それもそのはず、維新のどさくさでグラバーと組んで大金を懐にしたなどよからぬ噂があり、西南戦争では大久保と一緒になって薩摩に攻め込んだ張本人、いいわけはない。それに引きかえ、西郷人気は今も衰えない。自分で葬ったくせに西郷人気にあやかりたいというのだからふとい男だが、とにかく銅像制作に飛びつく。

ただし、顔はキヨソーネ風にした。未亡人が「こげな人じゃなかった！」と抗議したあの顔にだ。

西郷を人のいい、田舎のおじさん風に仕上げている。ここにも意図がはたらいている、と私は推測する。実物の勇ましい軍人姿はオーラを放ち、旧武士たちを刺激し、たちまち不穏な空気を醸成しかねない。そうなれば西郷の亡霊が歩きはじめる。死してなお、

上がキヨソーネによる肖像画。御真影として国民に広く知られた立派な明治天皇だ。下は明治天皇の洋装写真である

西郷にはパワーがあった。そうならないために、親しみのもてるホンワカした「西郷どん」を創りあげたのだ。

キヨソーネは、明治天皇の肖像画も描いている。それを写真に撮ったものが「御真影」として広範囲に下賜され、だれもがそれを明治天皇の真の姿だと記憶に刻んだものである。しかし、ご覧のようにかなりの「整形顔」だ（右上写真参照）。ちなみにキヨソーネは、天皇の肖像画1点で2500円のギャラを受けとっている。現代の金に換算すると約5000万円だ。

彫刻師のキヨソーネは、銅版画の技術者で、画家としての腕はどうなのか？　腕のいい画家は日本人でもいた。明治政府はなぜ、その程度の人物に大金をはたき、現人神の肖像を描かせたのか。

さらに、西郷は国に刃向った逆賊である。そんな極悪人に、天皇の肖像画と同じ、しかもついこの間まで攘夷と叫んでいた敵、外国人を起用するなど不敬の突撃にあってもおかしくはない。

なぜ、幕末の英雄・西郷隆盛の写真は現存しないのか？

ふたりの肖像画制作を、新政府があえてキヨソーネに依頼した理由は何か。しかも二枚とも、あえて似ていないよう工夫がされている。すべては計算ずくだ。

ここから私の視点で推測してみる。

明治天皇と西郷隆盛、ふたりの本物の顔を世間に知られたくなかったのだ。だから実物とは違う顔を世間に広めて、ニセ顔のイメージを植え付けようと企んだ。そこまでです

キヨソーネが版を彫った、わが国の切手、印紙、証券などは500点を超える。旧紙幣の神功皇后を制作する際は、当時の大蔵省印刷部女子職員をモデルにしたという。この逸話からも、ニセ肖像画を頼むには最適の人物である

る理由は、かの一枚の写真。それ以外考えられない。

そう、人呼んでフルベッキ写真46人撮り（口絵参照）。

オランダ出身の宣教師グイド・フルベッキとその子どもを、44名の武士が囲んだ集合写真だ。そこに写る武士たちの多くは佐賀藩の藩校生である。明治の雑誌、『太陽』や『開国五十年史』に、大正時代には『江藤南白』など、今まで数冊の本で紹介されている代物だ。

中央に即位前の明治天皇、大室寅之祐（おおむろとらのすけ）の姿がある。（口絵写真の銀色の★の人物）。

一重に寅之祐を隠したかった。すべての妙な事象はこの一枚の写真からだ。あらゆる角度から導き出した私の結論である。

そしてフルベッキ親子の背後、ひときわ目を引く大男（青色の★の人物）。西郷隆盛で

はないだろうか。

フルベッキ写真について、これは横井小楠ではないとか、龍馬とは違う、と言う人はいる。たしかに私もそれについては同感だ。しかし、では写真中央に座る子どもに関して、いったいこの際立った輝きを見せている若侍は誰なのか、と問えば答えられず、みんなこそこそと逃げ出す始末だ。肝心の写真のまん中にいる重要人物については、とたんに口を閉じてしまうのである。西郷についても同じだ。威風堂々、写真のド真中でこれほど目立っているのに、誰も名を挙げられないというのは奇妙な話だ。

私の推測が正しければ、明治新政府にとって、この写真はあってはならないものだった。世に出ると大変なことになる。ゆえに抹殺されたのである。

つまりこういうことだ。

後の明治天皇そっくりの若侍がここに写っている。睦仁親王なのか？　しかし、天地がひっくり返っても、親王が有象無象と一緒に写真に納まることはない。では、このそっくりさんは誰だ？　すると睦仁でない別人が明治天皇になったのか？　ということになって、つまりさんざん苦労して隠してきたのに、天皇のすり替えがたったこの一枚で露呈してしまうのだ。

即位前の天皇が特定され、後に国賊とされる江藤新平や西郷隆盛が特定されては信憑性が増して不都合だ。

だいいち「天皇は神聖にして侵すべからず」なのに、こんなに侵されていては神聖もへったくれもなくなるではないか。

慌ててこの写真を回収した。しかし、枚数は多く、始末しても始末してもコピーが出てくる。そこでてっとり早く明治天皇と西郷隆盛、ふたりのニセ顔を世間に流しはじめる。フルベッキ写真に写っているのは別人だ、ととぼけるアイデアだ。事実これがうまくいって、現代になっても、合理的に考えられない人にとってはニセ写真、合成写真となっている。

キヨソーネ抜擢理由は、外国人なら「畏多い」という恐怖やためらいを覚えないからだ。

明治天皇と西郷隆盛。どちらもビッグネームである。日本人画家なら描くだけでもビビる。そのうえ似てるようで似ていない、近いようで近くないものを描け、などと言われたら逃げ出すに違いない。

しかし、外国人なら、その感覚は薄い。

「メイジテンノウ？　はい、はいクールに描きましょう」「サイゴウタカモリ？　ホッコリと……こんなもんでどうですか」。

絵画の腕が一流でないのももっけの幸いだ。

カネのためならドライで、高額ギャラには当然、口止め料も含まれている。

●――フルベッキ写真の中央に写る、謎の若侍

フルベッキ写真は後年、被写体全員の氏名が特定され物議をかもした。大久保利通、岩倉具視、坂本龍馬、伊藤博文、桂小五郎（かつらこごろう）、井上馨（いのうえかおる）、大隈重信、江藤新平……明治新政府の重鎮がズラリと名をつらねる。

他にも中岡慎太郎、大村益次郎（おおむらますじろう）、高杉晋作など、おなじみのスターたちで、幕末志士

の集合写真だ、と騒がれたのだ。

しかし、実際に特定できているのは今のところ1／3ほどだ。それでもすごい写真である。

写真は天皇すり替え同盟の血判状だ、という人もいるが、私は単なる記念写真だと思っている。すなわち、この時は大室寅之祐を天皇にするプランはあったものの、候補者の一人として極秘に扱われていた段階ではないか？　いざそうなった場合にそなえて、フルベッキの元で西洋の知識や作法を習わせていた。そこに、かの有名な西郷が訪問し、記念写真となったのではないだろうか。

ところが寅之祐が本当に明治天皇になってしまった。自動的に写真は、公に出してはいけない禁断の劇物となってしまったのである。

まっ青になる政府。

「回収しろ！」「顔を変えろ！」「箝口令を敷け！」「天皇を見せるな！」

真実を隠せば、さまざまな噂が立ち、奇怪で辻褄の合わないホコロビがあちこちに出てくる。

大室寅之祐と明治天皇の顔写真検証

上がフルベッキ写真の大室寅之祐とされる人物。
下左が明治初年撮影の束帯姿の明治天皇。
下右が洋装の明治天皇（内田九一撮影）だ。
口から顎にかけてのライン、耳の形を比べると
同一人物に思われるが、いかがだろうか

私はさまざまな角度からの取材、史料の精査と検証などを重ねてきた。その過程は拙著『幕末 維新の暗号』で詳しく述べているので、ぜひ、そちらをご一読いただきたい。

さて、すぐに浮かぶ疑問である。

撮影時点で、大室寅之祐という存在を、まわりのみんなは知っていたのだろうか？

私は一部の人間を除き、誰も何も知らなかった、と思う。

フルベッキは当然知っていた。それは大室の座る位置からもわかる。写真のほぼ中央に構える若侍。ここは最も位の高い人物、主役のおさまる場所で、シャープなフルベッキが承知していないわけがない。

しかも、若侍のまわりには適度なスペースが空けられ、その前方を遠慮してV字型に開けてある。ほかの人物とは明らかに違う扱いで、まわりの侍は、特別な人物なのだろう、とは感じていたが、それ以上は知らされていなかった、というのが真実だと思う。

果たして大室寅之祐とは一体誰なのか。

真相はただ一つ。明治天皇＝大室寅之祐である。147ページの3つの写真をじっくり見比べてほしい。

西郷隆盛と思われる武士が写る、もう一枚の古写真

私が46人撮りでなぜ西郷だと指摘したか？　それは顔の印象や体の特徴だけではなく、もう一枚の写真の存在だ。

152ページの写真をご覧いただきたい。

「13人撮り」は1864（元治元）年12月の撮影だ。薩英戦争講和修交時の記念写真。前年に起きた薩英戦の事後処理を、長崎の英国軍船上で行ったのだか、通訳はグラバーがつとめており、その時撮ったものである。

中央に座る人物は薩摩藩主・島津久光（しまづひさみつ）の二男・久治（ひさはる）、鹿児島藩海軍のトップだ。そのまわりを囲む12人のサムライはいずれも薩摩藩士だが、私が特定した人物は、後に帝国海軍の礎を築いた面々である。

元帥海軍大将・東郷平八郎（とうごうへいはちろう）、海軍大将・川村純義、海軍大臣・仁礼景範（にれかげのり）…。

明治以降、海軍は薩摩閥が握った。原点はこの薩英講和会談で、ぬかりなく英国海軍と太いパイプを作ったためであり、13人撮りはその証拠を見事に活写している。

それほど最要な写真だ。

そして何より、この古写真で私が目を奪われるのは、右端に立つ堂々たる体軀の侍だ。ほかと比べると、頭ひとつ高い。相当な大男である。

西郷隆盛以外に誰だというのだろう（Ｐ１５２。矢印の人物）。

前方を見据える眼光も鋭く、押し出しがきき、ただ者ではない。この男こそカリスマの大西郷にふさわしい。

西郷は１８６４年、13人撮りが撮られた約10ヶ月前に、幽閉の沖永良部島（おきのえらぶじま）から戻っている。島津久光公の怒りにふれ、約1年8ヶ月間流罪となっていたのだが、戻ってきた時にはガリガリに痩せていたという証言とも写真のこけ方は一致する。

記録によれば、島流しから戻った西郷は中岡慎太郎とともに、ひと月、ふた月を岩国、下関、小倉、太宰府あたりを移動。八月十八日の政変で都落ちした三条実美らの処置をめぐり、幕府側との激しいやりとりの矢面に立っている。13人撮りの撮影場所も同じ九州の長崎。タイミングはピタリ一致する。

この人物と46人撮りで私が西郷と特定した人物を比較すると、身長、眉の角度、眼の角度、鼻、口、顎、額……なにより、かもし出す厳然とした雰囲気がよく似ている。

ただし耳の形が違うように見える。光の角度が異なる形を作ったという専門家の見方もあるが、どうだろう。私はむしろ修整を疑っている。当時の写真はピンボケが多かった。そこで写真技師は手を加え、はっきり際立たせることをした。その技術は相当なもので、ほとんど見分けがつかない。

西郷の「福耳」は有名だ。たしかに肖像画も福耳だ。この福耳伝説を追ってゆくと、後世作られたものだということが簡単に分かる。西郷を知る人物の福耳否定証言が次々とでてくるからだ。なんのために？ そう何度も述べるように、46人撮りの西郷を別人にするためだ。「ほら平耳だから違う侍だろ？」と。

西郷は子どもの頃の喧嘩で右手の腱を切っている。その影響で刀がうまく扱えず、代

薩英戦争講和修交時の記念撮影

12人の武士の中でも、ひときわ目をひくのが右端の大男である。風格さえ感じさせるたたずまい、異彩を放つ重厚感、西郷隆盛以外にだれがいるだろう

薩摩藩主・島津久光の二男・島津久治を中心に、12人の武士がまわりを囲む。

東郷平八郎①、川村純義②、仁礼景範③、樺山資紀④、伊東祐亨⑤など、後に帝国海軍の重鎮となる面々が顔をそろえている

人物特定の検証

前ページの記念撮影で私が特定できた人物から、数名をここへ紹介する。
いずれも、後年の写真との比較で見極めたものだ

①東郷平八郎　　元帥海軍大将
東郷の初陣は薩英戦争だ。日露戦争でロシアのバルチック艦隊を破り、「アドミラル・トーゴー（東郷提督）」として広く世界に知られる

②川村純義　　海軍大将
戊辰戦争、西南戦争などで活躍。明治天皇からの信任が厚く、後には昭和天皇の養育係にも抜擢

③仁礼景範　　海軍大臣
明治になって海軍一筋、多くの要職を歴任している。
第二次伊藤内閣では海軍大臣となり、軍備充実に力を注ぐ

④樺山資紀(かばやますけのり)
薩英戦争、戊辰戦争に従軍。西南戦争では熊本鎮台参謀長を務める。海軍に転じ、海軍軍令部長、海軍大将、初代台湾総督などを歴任

⑤伊東祐亨(いとうすけゆき)
幕府の海軍操練所に学び、明治維新後は海軍士官に。日清戦争では連合艦隊司令長官を務め、その後、元帥

西郷と思われる人物の顔写真を検証

上が長崎での記念撮影、下がフルベッキ写真。西郷と思われる人物の顔を比較すると、眼の角度や鼻、口元の特徴、顎のライン、額などが似ている。これに堂々たる体軀が加われば、同一人物でほぼ間違いないだろう

わりに竹鞭を愛用していた。多くの評伝に記録されていることだが、46人撮りをよく見ていただきたい。私のマークする大柄な人物は、マントのようなものをはおり、刀ではなく竹の鞭を手にしているのがちゃんとわかる。

人は体のハンデを隠したがるものだ。長崎での13人撮り、46人撮り、どちらの写真でも西郷とおぼしき人物は、体の右手を撮られないようにカバーし、左前に写っている。ただの偶然かもしれないが、案外人間の心境というのはこんなところに出るものである。

私はこの2人の大男は同一人物であり、西郷隆盛であると100％に近い可能性で断定している。

それから約150年。

今でも仮面をつけた西郷隆盛たちが世を歩き続けている。よくよく考えれば、これは空怖ろしいことだ。武力革命の名の元で、詐欺師たちが企てた絵空事に、あちこちから侍たちが寄ってきて、カオス状態になりながらも、今なら第一級に値する犯罪行為で決着をつけ、それは巧妙なトリックによって隠され、歴史の中にまだ埋め込まれたままなのだ。その責任は我々にある。

秩序が模範で、模範があればそれ以上考えることはない。

「我々は間違っていないのか？」

なん度も言うが「疑問」は知性のエンジンであり、創造の起爆剤だ。この国には「おかしいのではないか？」と「疑問」の持つ神秘的な力を、感じていない人々があまりにも多すぎる、というのが私の実感である。

第4章

皇女・和宮のすべては抹殺!?

ニセ写真事件、替え玉説、ありえない戒名、左手首から先が欠損した遺体……。和宮にまつわる怪事件や謎をたどると、すべて恐怖の「暗殺」へとリンクする!?

●――筋を通す鉄の女・和宮

朝廷の保守派は孝明囲いに成功。緊密な関係を築くには、幕府と姻戚関係を結ぶのが手っ取り早い。こうして孝明の妹・和宮は、相思相愛といわれた有栖川宮熾仁親王（ありすがわのみやたるひとしんのう）との婚約を破棄し、将軍・家茂との政略結婚に及んだのである。世紀のロイヤルウエディングは悲恋からはじまっている。兄の孝明天皇のため、国のため、そして攘夷のため。「公武合体!」。ガンダムみたいだがアピール度は満点だ。

和宮はわざわざ結婚前に親王宣下で「内親王」という身分を賜った。朝廷が幕府をコントロールしやすいように、夫・家茂の「征夷大将軍（せいいたいしょうぐん）」よりも位を高くする作戦である。

案の定江戸に到着早々、まずモメたのは、この身分だ。儀式を執り行うには、なにより位の上下をはっきりさせなければならない。城の主である家茂がエライのか？　それとも内親王がエライのか？　2ヶ月に及ぶ公家の頑張り、そしてなにより「内親王」という身分がものを言った。和宮が主人、家茂が客分という主客転倒の形で決着。頑固一徹、一つのことにこだわる和宮はさっそく一発ぶちかましたのだが、敵をつくるタイプだ。

5歳で婚約、16歳で結婚、20歳で未亡人、32歳で生涯を終えている（死亡時期には異論がある）。現代とは社会事情や慣習が違うとはいえ、なんとも急ぎの人生だ。

私から見た和宮の人間像は、使命感の強い、筋を通す、非凡で一本気。逆の見方をすれば頭の固い、融通のきかない女だ。

兄の孝明天皇と似ていて視野の狭いプライドの

第14代将軍、徳川家茂。家茂と和宮の相性はよかったとされる。しかし、家茂は長州征伐に向かった大阪で客死。暗殺との噂しきりである
『幕末・明治・大正回顧　八十年史』より

高い印象もある。このプライドが悲劇的な末路を呼び込んだ可能性は高い。

慶喜の命乞いを仲介し、徳川家の存続に尽くした賢女

公武合体の要となり、徳川家の宝といってもいいはずである。泣く泣く嫁いだ徳川家だが、一度腹を決めたら身を捨ててでも盲目的に尽くす女の鑑（かがみ）だ。結婚は4年間。夫婦仲はよかったといわれ、亡き家茂への思いもあったのかもしれないが、徳川存続にあれほど動き回った理由の一つは、嫁ぎ先が落ちぶれるなど思いもかけない脅威に直面し、女が感じる「人生が台無しになる」というあの嗅覚である。

和宮から攘夷を迫られても、知らぬフリで無視していた徳川慶喜。しかし、自分の首が危うくなると、とたんに和宮に泣きつく、あきれた御仁である
提供：国立国会図書館

江戸に迫る革命軍。いきりたつ幕臣。和宮は当時、徳川家をとりまとめていた田安慶頼（たやすよしより）宛の手紙に託して「いじけずに恭順を貫くことが徳川家への忠節であり、それが家名を守ることにな

る」と説いている。

なぜ恭順を貫いたのか？　それには元婚約者、官軍司令官（東征大総督）有栖川宮熾仁の存在がある。この人物が江戸総攻撃の前に和宮と密会し、徳川存続法「降伏」を教え込んでいたのだ。

侍というのは殿様の妻のメッセージは重く受け止めるもので、和宮の根回しもあって幕臣たちも鎮まった。こうした功績をみれば、薩長にとっても幕府にとっても一、二をあらそう功労者だといっていい。

幕府と朝廷との貴重なパイプ役だ。ただし、そこは海千山千の岩倉具視や徳川慶喜、両勢力からうまく利用されていたのは明白で、とくに慶喜は、命乞いを何度も和宮に仲介してもらっている。逃げの慶喜、恥も外聞もなく、平身低頭で懇願し、そのたびに和宮が慶喜の命と身分保証を官軍へ嘆願している。慶喜の「命の恩人」どころか、そのおかげで、莫大な財産の所有と豪勢な暮しを許されたのに、明治になって恩返しをした話はゼロだ。

◉——和宮の足跡がピタリと途絶える5年間の不可解

明治維新以降、和宮についての記録はグッと少なくなる。わずかなものがあっても、信憑性という点で怪しい。

それによると、和宮が動き出すのは1869（明治2）年。岩倉具視に呼ばれて京都へ赴く。同年4月、明治天皇に面会したとあるが、本当に会ったかどうかは不明だ。遠く御簾（みす）越しに行われる、形式的な無言の儀礼で終わったかもしれない。これならば人相や風体もまったくわからず、肉声さえ聞こえない。

「天皇すり替え」が図星ならば、孝明天皇の子・睦仁（むつひと）の顔を知っている徳川のシンボル和宮に、素顔を見せるわけがない。そこにはまったく別人の明治天皇が鎮座ましまし、まともに面談したら、卒倒するか、パニックになる。

「一体あなたは何者か？」「何がどうなっているの？」で済めばいいが、勝気で威厳がそなわっているから、真実をまっしぐらに追求するはずである。岩倉たちからすれば、ウザい。

で、和宮へ「京都留め置き」が発布される。さらに、6月には和宮の京都在住が決定される。これは事実上の京都軟禁だ。本人の希望というより、東京へは戻したくない事情があってのことであろう。私は新政府の監視下へ置かれたと見ているが、1874（明治7）年7月に東京に戻るまで、和宮は約5年間を京都で過ごすことになる。

しかし、この間の京都での足取りは一切つかめず、まさに空白の5年間だ。ここが引っかかる。長い間を京都で暮らしていたとは、どうしても思えないのだ。

スーパーセレブである。京都にいれば和宮の話のひとつ、エピソードのひとつくらいは残っていてもいいはずだが、生活感ゼロ軌跡を示すこれといったものはない。畏れ多くも内親王にして将軍家の正室。龍馬が通ったシャモ鍋屋が今も残っているほどで、皇女が暮らした土地にだって、何かしらの逸話が残るものだ。出入りの呉服屋、行きつけの店……姿を垣間見た近所の人々の証言などが語り継がれるはずである。

和宮は現人神（あらひとがみ）・明治天皇の叔母だ。いろいろな行事に呼ばれるとか、公的な団体の要職などいっぱいあってしかるべきだが、それもない。京都にも東京にも、明治以降の和宮の姿がフッと消えているのだ。

こうまで何もないと意図的なものを感じるのは私だけではあるまい。

●──和宮は明治天皇のすり替えを知っていた

徳川家の処分が決まり、幕臣たちが静まれば、すでに和宮は用済みだった。それどころか、新政府にとっては北朝系の危険人物だ。それだけでもヤバいのに、ひるまずに冷たい炎を燃やすタイプで、煙たいどころではなく、一本気で正義感が強いから「天皇すり替え」を知ってしまった以上、暴露しかねないのだ。

「あの女に暴走されたらたまらん」

岩倉、大久保は「早めに手を打たなくては」と考える。

いつの時点なのかは分からないが、ある日、和宮は「天皇すり替え」を疑った。噂はいくらでも耳に入る。そのうえ本来の明治天皇・睦人は和宮の甥だ。帰京の折には会いに行くのが自然だろう。前述のように明治2年に面会したことになっている。おそらく会っていないと思うが、もし会ったとしても、スダレ越しの天皇に「なに、この空気？なにか変！」。

和宮は感づく。

革命の成功までは秘密結社の結束は固い。が、そのうち論功行賞やポジションの不平不満から派閥ができ、掟が破られる。ケンカ別れした勢力の中には、北朝系勢力と手を結び、天皇すり替えを切り札にして再結集を企むやからもでてくる。そうした勢力が和宮に接触した。

南朝新政府からみれば、自分の人生を生きようとする和宮は目障りである。脅して黙らせようにも、塹壕(ざんごう)を掘って閉じこもるから処置なしだ。そのうえ、大奥の女帝、天璋院と小娘時代に互角に火花を散らしたほど勝ち気ときている。懐柔もできなかった。残る策はただひとつ、殺し合いを制して革命を成就した連中の常套手段、抹殺である。

もちろん、和宮本人も身の危険を

もともと和宮の降嫁を孝明天皇にけしかけたのは岩倉である。この男が和宮の人生に、暗い影となって終始つきまとう
提供:国立国会図書館

感じていた。兄の孝明と夫の家茂は、どちらも暗殺された、という情報も入っている。「いつかは自分も」。その思いは、おびえから半分あきらめに変わっていたとしてもおかしくない。

明治への改元があった１８６８年には、岩倉からの「京都へ来い」という呼び出しを体よく断っている。警戒の現れだ。しかし、狙われる人間というのは、防ぎようがない。しかも女だ。結末は見えていた。

和宮暗殺は「いつ」「どこで」「どのように」？

やっかい者の和宮を、闇へ葬る。それは遺体の謎、左手首から先の欠損につながってゆくのだが、これは後ほど詳しく紹介する。その前に「いつ、どこで、どのように」手を下したのか、当時の状況や史料、行動心理をもとに私なりに慎重に吟味し、真実を引き出してみたい。

正式に公表されている和宮の死去は、１８７７（明治10）年だ。

脚気の療養で８月７日から、箱根塔ノ沢の温泉旅館「元湯」に逗留。で、息を引きとったのは9月2日だという。遺体はひとまず箱根の阿弥陀寺(あみだじ)に安置され、通夜と密葬の仮葬儀が行われる。徳川家の菩提寺、芝増上寺(ぞうじょうじ)の末寺である。

この転地療養をすすめたのは伊藤博文だ。一番に暗殺の可能性をにおわせる人物の登場である。

渋沢栄一の証言で定説となっているが、1862(文久2)年の国学者・塙忠宝(はなわただとみ)の暗殺にも伊藤が関わっている。孝明のときも、伊藤による暗殺説が囁かれていたし、その

初代内閣総理大臣・伊藤博文のもうひとつの顔は、名うてのテロリストである。幕末の青年は、人殺しも革命の手段のひとつと割り切っていた
提供:国立国会図書館

ほかにもあって、そのおっかない伊藤の誘いを断れなくなった和宮は、運命の場所へと足を運んだのではあるまいか?

この時期、伊藤、岩倉、大久保らは政府のトップだ。彼らが直接に手を汚すわけにはいかなかった。すり替え天皇が本当ならば、その秘密擁

護のための部隊は必ず存在するはずだ。隠蔽秘密工作部隊。手段は買収、書簡偽造、写真修正、脅し、……そして暗殺。

伊藤博文はテロリストではあるが、暗黒の時代に生きた青年というのは、殺人も政治だと信じて疑わないところがある。だが、私はなぜか彼が好きだ。大久保のような冷たさがなく、最初に破壊し、そのあとで気前よく築く伊藤には、どこか人間的弱点を持っているような気がするからである。

話を和宮に戻す。

彼女は、箱根ですでに殺されていた。死亡時期をみるがいい。九州での大戦争、西南戦争もいよいよ大詰めで、国民全員の目が九州南端に釘付けになっている最中だ。なぜそんなタイミングで険しい山々に囲まれた温泉地に連れていって、療養させなければならなかったのか？　もっと楽に行ける熱海や湯河原だってあるではないか？

そのうえ、死亡が9月2日だ。なんと西郷が城山に追いつめられ絶望的な死を迎えようとしている最中だ。和宮の死はこの時にぴたりと合わせて伝えられ、戦争終結までにバタバタと葬儀（9月13日）などすべてを終えている。

私は和宮がとうの昔に暗殺されていて、戦争のクライマックスに国民の目がそれている時に、発表だけさっとすませたのではないかと見ている。

和宮の暗殺指令はいつ出たのか？

1871（明治4）年の岩倉使節団と間接的に関係している気がしてならない。

岩倉具視、大久保利通、伊藤博文、木戸孝充（きどたかよし）など、新政府オールスターの海外渡航。この間に、和宮を中心とした北朝勢力が動き出したのではないかと思っている。鬼の居ぬ間の洗濯、政府転覆を企てるには、この上ない好機である。

帰国した岩倉たちはただならぬ空気を読み取り、北朝勢力の核となりうる和宮の抹殺を決断した。

決行は？

5年間もの京都足止め。突然の東京へ呼び出し。そこには何かがありそうだ。殺害場所は京都から東京へ向かう途中の箱根山中、深山幽谷の地が殺害場所としてしっくりいく。

一通の手紙がある。

後述する増上寺の墓地調査の際、朝日新聞社と調査団へ届いた古式ゆかしい手紙のリアルさには、寒気がする思いだ。差し出し人の匿名女性によれば、差し出し人の祖母は和宮の祐筆(ゆうひつ)(文書や記録を司る人)だ。明治4年か5年頃に、和宮と一緒に京都へ向かう途中、箱根山中で賊に襲われたという。賊を追い払って和宮のもとへ戻ると、すでに和宮は自害。

驚くべきことに、岩倉と一緒の旅だったというのである。

祖母から子へ、そして孫(匿名女性)へと3代にわたって語り継がれた話である。この事件については岩倉がいっさいを仕切ったのだが、何かの事情で明治10年までの五年間、死の公表を伏せておいたのでは、とも書かれている。

私が推測し、また匿名の手紙が示しているように、もし早い時期に和宮が亡くなっていたら、その後の足跡がたどれないのも当然だ。

世に残る『静寛院宮御日記』は和宮の自筆だという。明治になって書かれたものだが、明治6年12月31日を最後に途絶えている。どうして5年も続けた日記を、ある日を境にやめたのか。何かがあったのか？　これも不思議だが、この日記自体が本当に彼女の書いたものかどうか、その確信はない。

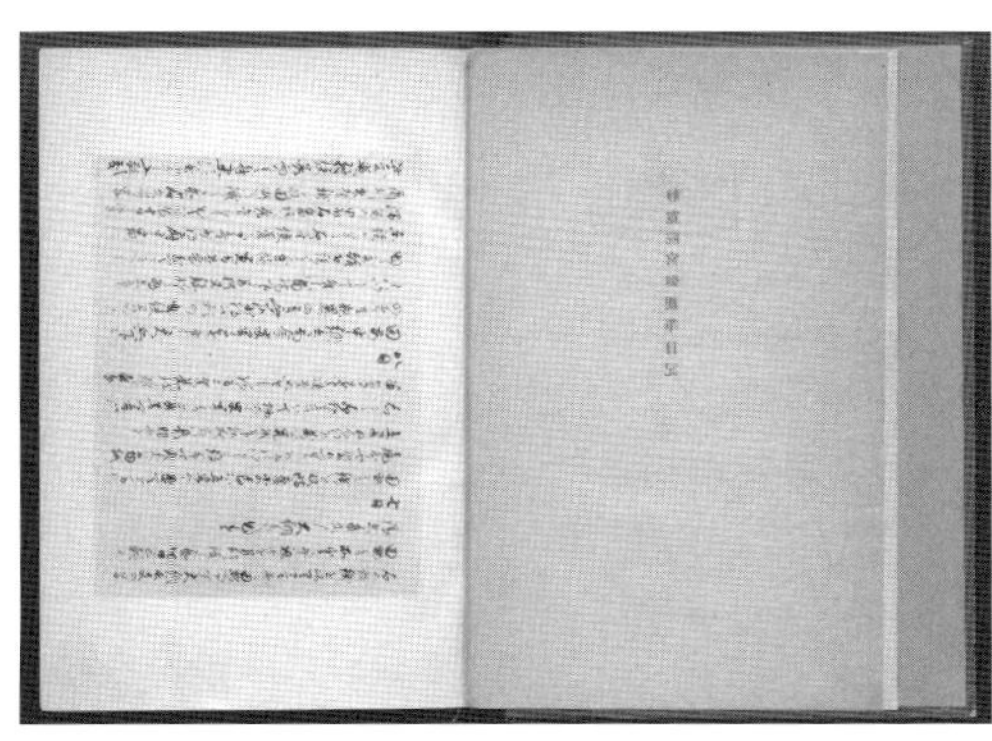

『静寛院宮御日記』の原本。書き込みの最後は明治6年12月31日。この日までは和宮は生きていたのか……

和宮暗殺の可能性

加治の推理	匿名投書
明治7年、岩倉からの指示で京都から東京へ移動途中、箱根の山中で襲撃	明治4年か5年頃。岩倉具視らと京都へ向かう途中、箱根山中で賊に襲われ、和宮自害。手紙では岩倉の企みを示唆している

手紙の明治4年または5年殺害説。そして明

治6年で途絶えた日記。死亡時期は明治10年9月2日でないことは確かなようである。

死の噂をかき消す偽装工作。洋装の和宮は幽霊だった⁉

和宮降嫁時、ダミーを3人用意し、同じ外装の駕籠に乗って道中を進んだ。セキュリティ上の関係だ。ところが和宮には、晩年にも替え玉が現れる。これは、本人のセキュリティ上もうけたものではない。「この世にいない人をいるようにみせる」偽装工作だ。「洋装の和宮」と称されたものが、ネットで見られる（次のページの写真参照）。けばけばしい写真だ。

影武者の正体は南部郁子（なんぶいくこ）。第14代盛岡藩主・南部利剛（なんぶとしひさ）の長女であり、華頂宮博経親王妃（かちょうのみやひろつねしんのうひ）（妻）だ。名門家、セレブの家系だが、彼女の写真がある日「洋装の和宮」として徘徊しはじめたのだ。これは意図的なもので死んだ和宮の生存のアリバイ工作の一つ、世間を欺くため以外のなにものでもない。なぜ、そんなことが必要なのかは、もうお分かりのはずである。

和宮を見かけなければ、やがてどこからともなく和宮の死亡説の噂がたちはじめる。

そこでかの秘密工作部隊が動き、疑惑を打ち消すために、南部郁子の写真を和宮に仕立て、世間に流した。「こんなに元気で、おしゃれもしています」とね。

偽装は姉だけではない。郁子の実の妹・南部麻子(なんぶあさこ)も使われている。妹は同じ南部姓の南部栄信(なんぶさきのぶ)に嫁いでいる。最後の八戸藩主・南部信順(のぶゆき)の長男だ。

記録によると和宮が明治7年に京都から東京へ戻って、現在の港区麻布に家を購入しているのだが、家はこの南部栄信の屋敷だ。

つまり、替え玉の妹の屋敷を和宮が買ったことになる。偶然にしては臭い。和宮は本当に暮らしていたのか？　その目撃談も痕跡もない。

ここに出入りしていたのは和宮ではなく、「洋装の和宮」つまり姉の南部郁子

洋装の和宮写真、じつは南部郁子。郁子は実生活でも和宮の替え玉だった可能性が高い!?

ではないか。郁子の自宅はすぐ近くの三田にあり、麻布の和宮の屋敷までは徒歩10分ほど。近所では「やんごとなき方のお屋敷」と噂がたっていた。そこへ、品のいい郁子が出入りしていれば偽装効果は大きい。ニセ写真と替え玉。これでふたつがリンクし、「ああ、やっぱり和宮はあそこでお暮らしに……」。じつに巧妙な仕掛けである。

●偽装工作にかかわった人は、みな若死にか消息不明に

これで終わりではない。さらに疑問のクワで怪しげな土を掘ってゆくと、奇妙な風景が現れる。

まず、南部麻子の夫・南部栄信だ。16歳で麻子と結婚し、その直後に和宮へ屋敷を売却。同時に、妻の麻子のために新居を購入し、自分はさっさとアメリカに留学する。わずか1年の間に、結婚、家の売却と購入、そして留学……めまぐるしくイベントをこなしているのだ。

せっかちは止まらず、留学は2年で切り上げ、帰国直後の1876（明治9）年にあっという間の頓死。このとき18歳。生き急ぎの人生だ。

子供のいない南部家は麻子が家督を継ぐが、彼女も20歳という若さで隠居。その後の消息は知られていない。かすかに洩れてくるのは、麻子は西南戦争時、政府軍に率先して協力し、旧八戸藩士を集めては鹿児島へ送っていたということのみだ。新政府べったりである。しかし、かつての仇敵、岩倉や伊藤のプランどおり「はい、よろんで！」と従っているのは不自然である。

「なぜ？」「なぜそうなのか？」。小さな疑問を見逃してはならない。さまざまなところに光を当て、見えすいた罠を見抜き、真実を捜してゆくのである。

八戸藩に光を当ててみる。支藩を含めると10万石、そこそこの藩だ。維新では奥羽越列藩同盟に参加、野辺地で官軍と激突、勝利している。ところが不思議なことに、これを小規模な私闘とされ、戦後処理では懲罰の対象とはされなかったのである。不自然極まりない高待遇はなにかの取り引きか？

「その代わり、我々の作った世界には黙って協力しろ。とりわけ和宮の件は」

負け犬はこの条件を呑んだのではあるまいか。若い栄信は何も知らなかった。後になって怖ろしい企みに巻き込まれていることに気づき、騒ぎたてようとしたところを口を封じられた。私の読み過ぎだろうか？

いやそうではあるまい。

姉、南部郁子の夫、華頂宮博経親王も妙だ。

孝明天皇の猶子（公卿や武家が兄弟などの子を自分の子として迎え入れること）にして徳川家茂の猶子という贅沢な身分で、京都の知恩院に入寺する。明治維新で僧侶を辞める際に、知恩院の山号「華頂山」をもらい、華頂宮家を創設した。

2年後に19歳でアメリカのミネアポリス海軍学校へ留学。3年後に帰国し、海軍少将に任命されるも25歳で死亡。奇しくも麻子の夫・南部栄信と同じ明治9年だ。郁子との間の子は、7歳で明治天皇の猶子となるもやはり即日死亡。

妻の南部郁子にいたっては生年も、博経親王と結婚した年も不明だ。盛岡藩主・南部利剛の長女で、華頂宮博経親王の妻にもかかわらず情報はたったこれだけである。夫亡き後、どこでどのように過ごしたのか、謎の写真だけを残し、その足どりは杳として知れない。

いかがだろうか？

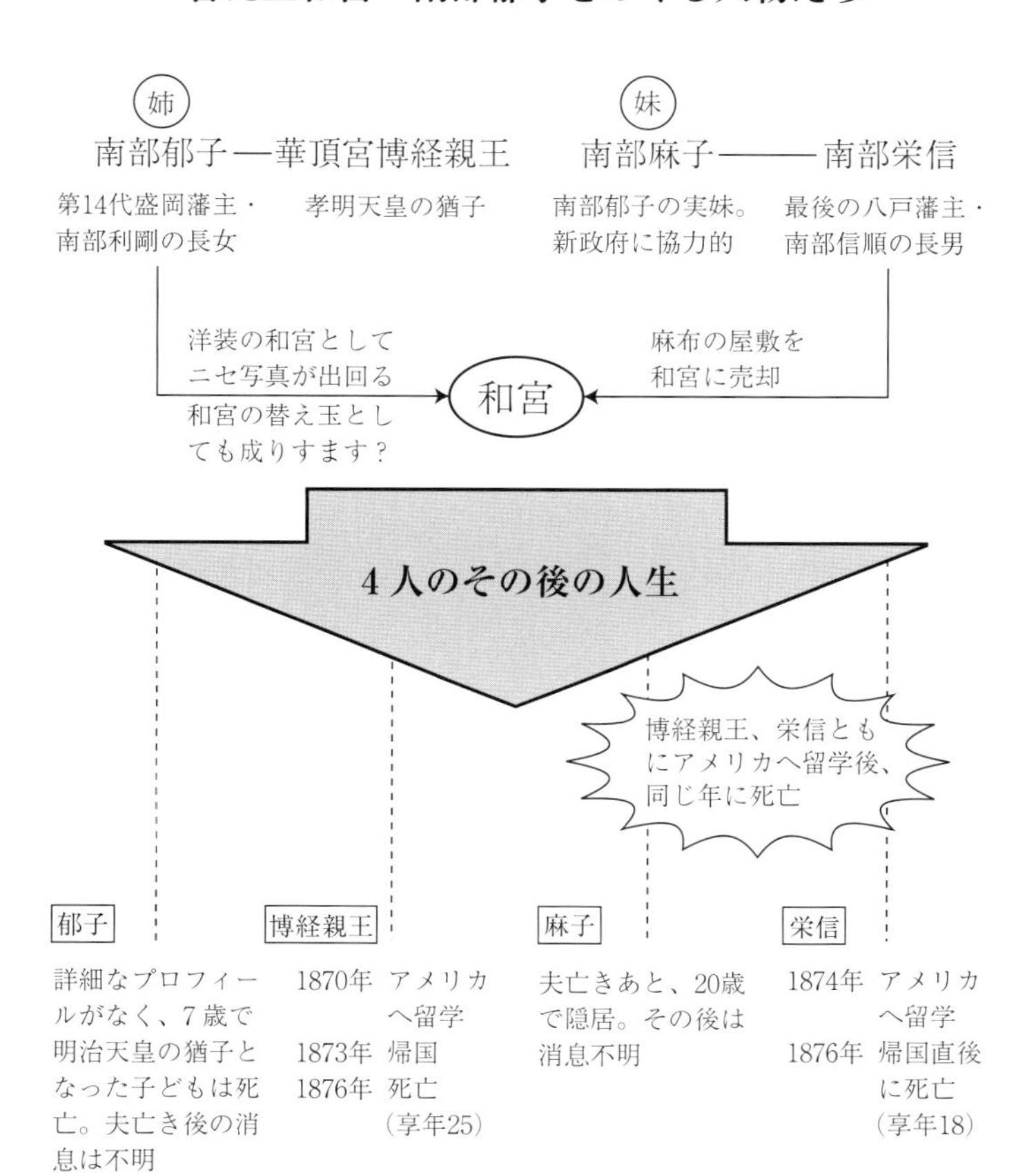
替え玉和宮・南部郁子をめぐる人物たち
姉
南部郁子―華頂宮博経親王
第14代盛岡藩主・
南部利剛の長女
孝明天皇の猶子
妹
南部麻子――南部栄信
南部郁子の実妹。
新政府に協力的
最後の八戸藩主・
南部信順の長男
洋装の和宮として
ニセ写真が出回る
和宮の替え玉とし
ても成りすます？
和宮
麻布の屋敷を
和宮に売却
4人のその後の人生
博経親王、栄信とも
にアメリカへ留学後、
同じ年に死亡
郁子
詳細なプロフィールがなく、7歳で明治天皇の猶子となった子どもは死亡。夫亡き後の消息は不明
博経親王
1870年 アメリカへ留学
1873年 帰国
1876年 死亡（享年25）
麻子
夫亡きあと、20歳で隠居。その後は消息不明
栄信
1874年 アメリカへ留学
1876年 帰国直後に死亡（享年18）
そして誰もいなくなった

これが和宮のニセ写真と替え玉にかかわる4人の運命だ。小さな疑問、大きな疑問満載で、夫ふたりはほぼ同時期にアメリカへ留学し、同じ年に若死にし、郁子と麻子の姉妹は、二人の夫が亡くなった後、まるで使命を終えたかのように、静かにフェイドアウト。

これらがすべて偶然の一致とは思えない。しかし、脚本、演出、キャスティング、そして幕引きまで、見事なまでの舞台回しが、陰の勢力によるお膳立てだとしたら納得がいく。

●――もう一枚のニセ和宮写真があった！

和宮にはもう一枚のニセ写真がある。どうしてこう次から次へと謎めいた事が出てくるのか。ワイドショーや週刊誌で引っぱりダコになってもいいはずだが、こまったことに、これまで暗くおっかない広大な畑を掘り起こす者はいなかった。

こちらの写真（左の写真参照）もまた、長い間、和宮本人と名乗ってきた。周囲がなぜ思い違いをしていたかというと、徳川家が同写真のコピーを「和宮写真」として所有していたからである。いわばオフィシャルだ。ところが、同じ写真が明治時代の写真雑誌に、別人の名前で掲載されていることが判明。それをある大新聞社が報じて秘かな話題になった。

写真の女性は柳沢明子(やなぎさわあきこ)。大和郡山(やまとこおりやま)藩主の正室である。血筋は、公家の家格の頂点に立つ「五摂家(ごせっけ)」のひとつ一条家だ。妹は明治天皇の正妻、美子(はるこ)昭憲皇太后(しょうけんこうたいごう)という、セレブ中のセレブで、大新聞社の上層部がこの間違いに気付かないわけがない。

1846(弘化3)年の誕生、和宮と同じ歳である。ダミーとしてはおあつらえむきである。

この写真が「明子」本人として載った雑誌『太陽』第八巻第二号は、

雑誌『太陽』に掲載されていた柳沢明子の写真。和宮の写真として認知され定着していた

明治35年の発行だ。当然、明治天皇も美子（後の昭憲皇太后）も存命だから、この写真が別人であれば大問題になる。何せ時代は恐怖が支配する明治、相手は現人神の妻の姉である。しかし、当時この雑誌が問題になった形跡はない。ということは、この写真は、やはり柳沢明子本人なのだ。

しかし、なぜかその後もニセ和宮写真として世間へ広まっていく。

時代が下って、今度は長野県出身の代議士・小坂善太郎の祖母の所有物として登場する。写真の裏には「和宮」と書かれていて、昭和3年の祖母の日記に「明治天皇の奥さんの女官長が、和宮だと証言した」と綴られていたことから、和宮の写真として再び世を徘徊した。

しかし、昭和初期といえば、和宮の死が公表されて50年近く経過。さすがのスーパースター和宮も、過去の人になっているはずで、なんで今さら和宮なのか。

困ったことに私の脳は自動的に「反対尋問」を発するように設計されており、拡散的思考が動き出す。

で、理由はちゃんとあった。

大正時代から昭和初期になると、一時は鳴りを潜めていた北朝系の人たちが、またぞろ活動を始めていたのである。現体制を揺さぶるネタは例によって「明治天皇すり替え」、「和宮暗殺の真相」だ。支配者に突きつけるのは「フルベッキ写真」であり、「西郷の銅像」であり、後に述べる「和宮の肖像画」の刃。ならば支配者側はこの3つのツールを横取りし、かく乱する。そのためのひとつとしてニセ和宮写真が使われた。私の見方である。

絵や銅像が発する無言のメッセージとは

明治天皇も亡くなって後継者、大正天皇が玉座に座るとまたぞろ世が不安定になった。そんな時、北朝系勢力がスッと差し出した3枚のカード。その中に、1枚の絵があった。絵に寄せられた題言には大正元年の日付と『静寛院宮作書牘図(さくしょとくず)』のタイトル(次のページ参照)。この絵の注目点は、静寛院宮(和宮)の左手首だ。隠されたように描かれている。前述したように発掘されたじっさいの遺骨も、左手首から先がなかった。切り口から先天的なものではない。女工ならいざ知らず、公家の名家、やんごとなきお方に事故も考えられない。左手首の欠損が示すものは、一つしかない。死の直後に斬り落とされたのである。

左手の事実は昭和33年の遺骨発掘まで、公表もされていないし、誰にも知られていないはずだった。しかし、発掘以前の大正時代に描かれたこの絵では、すでに和宮の左手がない。さらに、左手を不自然なほど中央に描き、視点が集まる工夫が感じられる。

池田輝方が描いた和宮の肖像画。わざわざ左腕を体の前で目立たせ、左手をアピールするかのような構図になっている

つまり、この絵を描かせた人物は、発掘前に和宮の左手がないことを知っていたのである。事件の真相を知っていて、絵に爆弾を仕込んだ。われわれは「暗殺を知っているぞ」「いつでも暴露できるぞ」というぶちまけメッセージだ。

調べてみると絵は島田三郎（１８５２～１９２３）という政治家が、池田輝方（１８８３～１９２１）という浮世絵師に描かせたものであることが分かった。

さらに島田を調査した。

反政府的な政治家として知られ、足利尊氏の配下を先祖に持つ。やはり北朝の家柄だった。社会派政治家田中正造(しゅうぞう)やアナーキスト幸徳秋水(こうとくしゅうすい)らと一緒になって足尾鉱毒事件の追求を行っており、新政府を揺さぶりたい人物像としてこれほどふさわしい人間はいないということが判明した。

島田は、和宮暗殺を示す絵を政府に突きつけたのである。

芝の増上寺大殿の右隣にある安国殿には和宮像がある。左手は着物の袖に隠れて見えない

左手欠損は絵だけに留まらない。昭和10年前後に芝・増上寺へ寄贈された和宮像も、左手がない。増上寺の安国殿に今も安置されているのだが、左手が着物の袖にくるまれて妙ちくりんな姿になっている。

こっちは米相場で財を成し

た、神戸の中村直吉なる人物が依頼し、大阪在住の鋳造師・三代目慶寺丹長が制作している。中村はこのほかにも日本女子会館や神戸の複数の女学校へ、五体の和宮像を寄贈。どの像も左手を見せていないので、はじめは同じ鋳型（いがた）で造ったコピー像かと考えたら、違った。わざわざすべて異なる鋳型を造らせるという細かい芸を披露している。これはニセ和宮が複数いることを暗示しているのではないだろうか？　中村の正体、左手の謎など、その辺の詳しい話は拙著『幕末 戦慄の絆』を読んでいただくとして、中村も遺骨発掘から20年以上も前に、和宮の左手がないことを知っていたということになる。中村は、肖像画の島田と同じように、和宮の死にまつわるメッセージを銅像に隠した。読み取ってもらいたい一心で、複数の和宮像を造らせてあちこちに設置したのである。いたくエスプリがあり、機略に富む手法だ。

これら北朝側の挑戦に対し、南朝側は対抗手段をとる。

情報の「まぜっかえし」だ。横からチャチャを入れて注意をそらせ、愚につかない戯（ざれ）言（ごと）だと相手を混乱させるため、左手のある「柳沢ニセ和宮写真」を登場させたのである。

「写真をよく見ていただきたい。袖が長いだけで、和宮の左手はちゃんとありますよ」というわけだ。地道な対応策だが、しかし、これが功を奏して、「なんだ、ちゃんと左手があるじゃん」と多くの人に和宮のニセ写真が認知されたのである。

市民を騙すのは簡単で、原発は爆発したのではなく、水蒸気の煙りだと言うだけでい い。私は、疑問を持たず、ころりとやられるなまくらに、大いなる不満をいだいているけれど、西郷や明治天皇のニセ肖像画と同じ手口に、世間はまんまと欺かれてしまったのである。

左手のない遺骨と粗末な埋葬状況が物語ること

明治から大正、昭和へと、いくつもの話題を振りまいてきた和宮。ミステリアスな話はまだ続く。

事の発端は１９５８（昭和33）年、芝・増上寺の徳川家墓所発掘調査だ。増上寺の敷地内にホテル建設計画が持ち上がり、墓地の移転改葬が決定。このとき、ついでだとばかりに調査を開始、丸２年を要して発掘した。

徳川家墓所発掘調査の様子。このとき、和宮の左手首から先の骨は、結局どこを探しても見つからなかった

対象は歴代徳川将軍とその正室たち。和宮の遺骨も発掘。記録によれば身長１４３センチ、体重は推定34キロ。血液型はＡかＡＢ。特徴はかなりの出っ歯と内股だ。

この調査で、和宮の左手首から先の骨が見つからなかった。調査から30年近くたって発刊された鈴木尚・東京大学教授の『骨は語る　徳川将軍・大名家の人びと』には、左手の骨がなかったことが記され、事件の可能性も示唆している。ただし、遺骨に刀の跡はなかった、とも書かれている。では何の跡ならあったのか？　そこまで言うべきだが、この教授は口を閉じたままだ。

奇異なのは、埋葬法だ。

棺の中に横臥の格好で、まわりに副葬品とよべるものが見られない。しかも全裸に近い姿。これはひどい。

当時の高貴な身分の埋葬法は座葬だ。横向きに寝かすことは絶対ない。発掘された他の徳川家の妻たちは、同じように生前で最高のきらびやかな衣装を身にまとうなど着飾った装束を施した姿で座っている。

横臥している和宮の埋葬状態。ほぼ全裸で、副葬品も見られない。左手もない
『骨は語る 徳川将軍・大名家の人びと』鈴木 尚著
東京大学出版会より

さらに、紋付きの漆箱、衣類、櫛など、生前ゆかりの品々を副葬品として山ほど棺に入れるのが慣例だ。

和宮は徳川家14代将軍の正室、明治天皇の叔母で、そのとんでもない身分から考えると、裸体の横臥など乞食同然の扱いだ。どう考えてもおかしい。

この遺骨のかもし出す状況から、次のような仮説が成り立つ。

和宮は匿名の手紙にあったように、公表された明治10年より前に、箱根山中で殺されていた。事件は内密だ。身分を隠すため、着物は剝ぎ取られ、よほど急いでいたのだろう、ぞんざいに扱われた。

数年が経ち、西南戦争で西郷が追いつめられ、世間が鹿児島に釘付けになったタイミングで遺体を阿弥陀寺に運んだ。その時はすでに死後硬直で座葬どころか、まっすぐ安置することもできなくなっている。しかし、和宮は徳川家の女だ。徳川菩提寺の増上寺への埋葬はマストである。関係者だけでそそくさと東京へ運び、人目にふれないよう、すぐに埋め、ふたを閉めた。だから他と毛色がまったく違い、副葬品もなく、着物も入れようがなかった。

和宮の葬儀に関する記録はない。これだけの身分の人である。ふつうなら明治天皇からの賜り品や、有栖川熾仁親王、徳川慶喜などの参列記録があってもいい。そんなものはどこにもない。おそらく葬儀と呼べるようなものではなく、ぶっちゃけた話、テキトーに終わらせたのである。

ありえない戒名が刻まれた和宮の位牌

まだまだ「和宮ミステリー・ツアー」は続く。

和宮の仮葬儀を行った阿弥陀寺には「皇女和宮葵の御堂」があり、和宮の位牌が安置されている。私もこの目で確かめたが、この位牌の戒名が何ともいやはや奇怪なのである。

静寛院殿二品親王好譽和順貞恭大姉

女性の和宮に男性の称号「親王」はおかしい。正しくは「内親王」だ。

そのうえ「殿」である。女性にも使うことがあるらしいが、女性なら「宮」で、殿は一般的に高貴な男性にふさわしい。なぜ、このような基本的なミスがまかり通っている

男性の称号の「親王」が刻まれた和宮の位牌。「殿」「二品」間違えば不敬罪となる行為だ。なぜ?……

のか。寺に聞いても、明治初頭はどちらでもよかったらしいなどと、とても納得のいく解答は得られなかった。

ちなみに本葬を行った芝・増上寺には別の位牌がある。そちらは

静寛院宮一品内親王好譽和順貞恭大姉

こちらはちゃんと「殿」が「宮」に、「親王」が「内親王」に修正されている。で、もうひとつ、「二品」から「一品」への変化。そもそもひとりの人物に異なるふたつの戒名などありえない話である。

徳川家も皇室もこれを不思議に思わないのだろうか。

ここからは私の憶測だ。

芝の増上寺に、阿弥陀寺から和宮の遺体と位牌が届いた。それを見た増上寺は「親王」と「殿」「二品」の文字に腰を抜かす。すぐに直すように指示を出したが、阿弥陀寺の住職は頑として首を縦にふらない。なぜか?

阿弥陀寺には二体の亡骸があったからではないか?

和宮ともう一人、睦仁親王である。

位牌の「親王」と「殿」は睦仁をさし、二品はふたつの遺体を示している。自分でも大胆過ぎると感じるが、どうしてもこれ以外の推理は働かない。

孝明天皇の子である睦仁は、そのまま明治天皇になるはずだった。しかし、岩倉や大久保の陰謀で南朝天皇の末裔・大室寅之祐(おおむろとらのすけ)にすり替えられる。睦仁は用心のため、しばらくは京都あたりで幽閉されていたが、体制が安定すればお荷物と化す。箱根へ連れ出され、阿弥陀寺に葬られた。和宮の死よりも前の話だと思う。

阿弥陀寺の住職は、そんなふたりを不憫に思い、和宮と睦仁を一緒に祀った。ひとつの位牌にふたりの魂を込める。せめてもの抵抗だ。増上寺へ行った遺体は和宮だけである。事情を知らない増上寺では、この戒名はおかしいということで、別の「まともな位牌」を用意した。いかがだろうか。

結婚からその最期まで、彼女の足跡を追って私流にまとめると、どんなミステリーも顔負けのストーリーだ。

和宮の周りで起きた不可解な出来事をたどってゆくと「暗殺の偽装」へと収斂(しゅうれん)されて

皇女和宮ゆかりの寺として、また、あじさいの寺としても知られる箱根の阿弥陀寺。江戸時代初期に開かれた古刹である。山道を行くと質素なたたずまいの本堂があらわれる。住職の琵琶はすばらしく、必聴だ

和宮の位牌が安置されている「皇女和宮葵の御堂」。正面には徳川14代将軍・家茂が用いた三つ葉葵のご紋が掲げられている。堂内は和宮の位牌を中心に、整然とした雰囲気

いく。そしてその背景に暗く、重く存在するのが恐怖の「明治天皇すり替え事件」である。

「悲劇の皇女」和宮。

周囲に利用され、翻弄され続け、人の言うことを聞きたがらない激しさと頑固さを持っていたがゆえの悲しい一生である。

和宮サスペンス劇場

記録の寸断、消息の途絶え、ニセ写真、替え玉説、左手のない遺骨……。
和宮の周辺には奇怪な出来事が渦巻いている。

<table>
<tr><td>1846（弘化３）年</td><td>仁孝天皇の第８皇女として誕生</td></tr>
<tr><td>1851（嘉永４）年　５歳</td><td>有栖川宮熾仁親王と婚約</td></tr>
<tr><td>1861（文久元）年　15歳</td><td>政略結婚の犠牲となり降嫁。「悲劇の皇女・和宮」となる</td></tr>
<tr><td>1866（慶応２）年７月</td><td>家茂が大坂城にて死去</td></tr>
<tr><td>12月</td><td>落飾して「静寛院宮」を称す。</td></tr>
<tr><td>1868（慶応４）年４月22歳</td><td>江戸城明け渡し。明治改元</td></tr>
<tr><td>1869（明治２）年　23歳</td><td>東京から京都へ。その後、京都在住が決まる</td></tr>
<tr><td colspan="2">ミステリー　明治２～７年は空白の５年間。京都に居たというが和宮の足どりはほとんどつかめない。記録や史料、証言もごく少ない
ミステリー　匿名投書では、明治4、5年に暗殺（自害）としているが、この頃すでに亡くなっているとすれば、東京へ戻ったのは誰なのか？</td></tr>
<tr><td>1874（明治７）年　28歳</td><td>京都から東京へ居を移す。南部栄信より麻布の屋敷を購入の記録あり</td></tr>
<tr><td colspan="2"> ここから亡くなるまでの３年間も、和宮の行動は不明。足跡がたどれない
 麻布の屋敷へ出入りしていたのは和宮ではなく、替え玉の南部郁子では？　だとすれば、このときすでに和宮は死んでいる
 明治９年。同じ年に替え玉和宮をめぐる南部栄信と華頂宮博経親王が若死に</td></tr>
<tr><td>1877（明治10）年９月31歳</td><td>療養先の箱根・塔ノ沢温泉にて死去</td></tr>
<tr><td>1928（昭和３）年あたり</td><td>和宮とされるニセ写真がこの頃から知られるように</td></tr>
<tr><td colspan="2"> 平成に入り、この写真が柳沢明子の写真と判明。和宮のニセ写真が長い間、ひとり歩きしていた</td></tr>
<tr><td>1958（昭和33）年</td><td>増上寺の徳川家墓所発掘調査</td></tr>
<tr><td colspan="2"> 和宮の遺骨からは、左手首から先の部分が発見できなかった</td></tr>
</table>

第5章

出口王仁三郎は有栖川宮のご落胤ゆえに弾圧!?

カリスマ教祖・出口王仁三郎、各界名士が入信した大本教団は、いかにして最大となり、壊滅していったのか？

戦前には新興宗教がニョキニョキ現れ社会をにぎわせたが、中でも、大本（通称・大本教）は桁はずれだ。出口なお、その娘婿である出口王仁三郎、ふたりの教祖が起こした小っぽけな組織は、隆盛期に信者60万人（一説には800万人）というマンモス教団へと成長していく。「生長の家」や「世界救世教」など、今に続く宗教は、多くの創始者たちが大本の活動家や信者で、いわば大本が母体だ。

入信者に華族や陸海軍の上層部、高学歴者が多いのも特徴的だった。

出口王仁三郎自身のカリスマ性と派手なパフォーマンスをとり入れた斬新な布教戦略が時代とマッチしていたのであろう。

「宇宙をつくった神はひとりだから、宗教上の表現の違いはあっても、すべての根っこはひとつ」とする「万教同根」。これにのっとり、世界をひとつの政府でまとめる「世界連邦」の実現をめざし、国際共通言語であるエスペラント語の普及にも尽力した。こうした王仁三郎の人並外れたスケールが熱狂的に受け入れられ、その教団の絶大な勢力に政府の危惧はマックスになる。

1921(大正10)年と1935(昭和10)年の2度の弾圧。これらは大本事件とよばれ、第二次大本弾圧(事件)では、政府によるたけり狂った攻撃で教団は壊滅的となった。

歴史書などで知られている大本教団の概要は、以上のごときだ。

大本弾圧の凶暴性は生半可ではない。この世から抹殺を目指す、なみなみならぬ決意で臨んでいる。そこまで当局を本気にさせた理由とはなにか?

その答えは有栖川宮熾仁親王と出口王仁三郎の関係にある。一見かかわりなく見える、ふたりの絆だ。

稀代のカリスマ出口王仁三郎。各界名士を虜にする彼の魅力のひとつには、公言できない出自の秘密があった!?

カリスマ教祖と大教団。その底流にはある周知のタブーが隠されていた。そしてそれが大本の大弾圧へとつながっていく!?

●――戦前の日本に総理大臣よりも有名な男がいた

大本は歴史から抹殺されている。

教科書、歴史書……一般の読み物で見かけることは少なく、きれいさっぱりと刈りとられているのだが、しかし、大正時代から戦前にかけ、大本はその名を全国に轟かせ、教祖・出口王仁三郎にいたっては、だれがなんと言おうと、時の首相の名が霞むほどの知名度を誇っていた。

京都府綾部で「御筆先」とよばれる予言で評判をとっていた出口なお（1837～1918）が「大本」の出発点だ。御筆先とは自動筆記のひとつで、神の宣託（せんたく）（お告げ）

を書いて表す。とはいっても極貧の老婆で、ほそぼそと地元人の病気治療にあたってい
た程度である。

そこに一人の男が、入信する。それが出口王仁三郎（本名：上田喜三郎）だ。

王仁三郎は、郷里の京都府亀岡市にある高熊山で1週間の霊的修行をした結果、「現界、幽界、神界」と三界の過去・現在・未来を洞察する神力を授かったと言う。

普通なら、バカなホラを吹くんじゃないと相手にされないところだが、有能で楽天的、何を言ってもたいしたもんだと受け入れられるのがカリスマのカリスマたるゆえんだ。

やがて王仁三郎は、なおの五女・すみと結婚。ここに、なおと王仁三郎のツートップの大本が本格的にスタート。１８９８（明治31）年のことである。

すぐに王仁三郎の才覚が爆発。あれよあれよというまに東京の東京毎夕新聞、大阪の大正日日新聞、金沢の北国夕刊新聞、舞鶴の丹州時報など、次々と新聞社を買収。時代を読み、マスコミを駆使した布教により、飛躍的に信者を増やしていく。鬼才、王仁三郎の斬新なアイデア、マーケティング戦略はこれに留まらない。

京都の亀岡には映画の撮影所をつくり、監督、脚本、役者までこなす器用さだ。ちな

みに「新劇の父」といわれた小山内薫（1881〜1928）も大本の信者だったという。そのほか絵画、陶芸、短歌もお手のもので、ついには、歌手デビューも果たす。日本コロムビアから9枚のアルバムを出しているのだ。底知れない才能と奔放さを有し、枠におさまりきれない男である。

昭和10年には全国の支部数1900を超え、信者数60万人（一説では800万人）という一大教団に成長した。

●――王仁三郎が描いた夢は、桁はずれのスケール

出口王仁三郎のめざしたものは何だったのか。

まず「世界連邦」の推進だ。世界をひとつの政府でまとめあげ、この世から戦いを根絶する。第二次世界大戦の戦時下、この男はこんな反政府的な夢をいだき、運動にのめり込む。頭と体が一体であるように宗教と政治が渾然一体となっているが、国際共通語のエスペラント語の普及活動はその最たるものだ。

世界平和の中心に座るのが「万教同根」思想だ。仏教でもキリスト教でも、信じる宗

若き日の王仁三郎。類まれな思考力と行動力をあわせ持った青年は、大本教団を引っ張っていく

教を信仰する。根本はみんな同じなんだから、相手のことも認めて仲良くしなさい、というわけで、この寛容さは古(いにしえ)から続くフリーメーソン思想に通じている。フリーメーソンもキリスト教、仏教、神道、イスラム教、ユダヤ教なんでもオーケーだが、無神論者はノー。いずれか、神の存在を信じていなければ入会できない。

王仁三郎は本気で「世界を大枠の宗教感で、ひとつの言語、ひとつの政府」でまとめようとしており、そのスケールに多くの人が熱狂した。

華麗で多彩。大本入信の人々

王仁三郎の人気は一般大衆はもちろん、社交界やセレブ層にも浸透した。とくに軍関係者は目を引く。

陸軍の石原莞爾（1889〜1949）、板垣征四郎（1885〜1948）といった急進派の将校たちがこぞって信奉。石原の最終階位は陸軍中将だが、陸軍きっての戦略家で、関東軍作戦参謀として満州事変を成功に導いたスターだ。板垣は陸軍大臣も歴任し、陸軍大将までのぼりつめた人物で、戦後はA級戦犯として処刑されている。

海軍では小説『坂の上の雲』で有名な秋山真之（1868〜1918）がいる。バルチック艦隊を破った、丁字型迎撃作戦の立案者だ。秋山は「大本」にのめり込み、短期間だが、教主顧問にまでなっている。

陸軍内部でも切れ者として知られた石原莞爾

後の陸軍大臣・板垣征四郎。陸軍の中でも急進派だ

王仁三郎みずから海軍の中枢へ乗り込んでいく。なんと主力艦「香取(かとり)」の中で、公然と大本布教を行い、連合艦隊旗艦の「日向(ひゅうが)」をはじめ、軍艦単位で大本への寄付行為に及んでいる。艦上での講演パフォーマンスで、艦隊まるごとファンにする新手の勧誘。誰にでもできることではない。

当時の軍部は海軍が主導権を握っていた。そんな中にあって、海軍ぐるみの大本ラブなど、ハチャメチャである。

軍隊だけではない。ラグジュアリーな華族をも魅了。中でも明治天皇の妻、昭憲皇太后(しょうけんこうたいごう)の姪・鶴殿親子(つるどのちかこ)にいたっては、大本の宣教師になっている。じつは彼女の入信には、ある大きな理由があるのだが、これは後述する。

昭和天皇の妻である皇淳皇后の養育係で、のちに貴族院議員となる山田春三(1846～1921)も入信。昭和天皇との婚約が内定した当時、候補の久邇宮良子(くにのみやながこ)(皇淳皇太后)に、色盲遺伝があることを理由に元老山縣有朋(やまがたありとも)に婚約辞退を迫られた騒動がある。「宮中某重大事件(きゅうちゅうぼうじゅうだいじけん)」だ。長州の山縣にとって薩摩藩主の孫娘が皇后になるなど悪夢である。そこで色盲だとケチをつけ排除しようとしたのだが、鶴殿親子と山田春三が王仁三郎に相談し、山縣の妨害をまっこうからはね除けている。天下の長州閥にケンカを売ってギャフンと言わせたのは、痛快だ。

右翼の超大物、頭山満（1855〜1944）や泣く子も黙る内田良平（1874〜1937）も王仁三郎に惹かれていた。頭山率いる玄洋社は、政府や軍部に太いパイプを持つ結社で、アジア人のアジア人による国家をめざした東亜連合国粋主義者だ。このへんの考えが王仁三郎と共振するのだが、内田良平は、頭山の教え子だ。

内田はおっかない黒龍会主幹として1932（昭和7）年に発生した連続テロ事件・

右翼の超大物、頭山満（上）と内田良平（下）。王仁三郎は日本だけではなく、アジアも重視していたため、アジア主義者の巨頭・頭山たちとも関係を結んでいた。彼らは中国の軍閥とも親交があった

華麗なる大本人脈

大衆、セレブ、性別、出自、国籍、職業、肩書きを横断して、王仁三郎に首ったけの人たちが集まった。

陸軍

石原莞爾（陸軍中将）
陸軍きっての戦略家。満州事変の立役者

板垣征四郎（陸軍大将）
陸軍大臣も務め、のちにA級戦犯として処刑

海軍

秋山真之
司馬遼太郎『坂の上の雲』で知られる海軍きっての智略家

主力艦「香取」、連合艦隊旗艦「日向」などでは、軍艦単位で大本に寄付。艦隊まるごと入信！

華族、皇族周辺

鶴殿親子
昭憲皇太后（明治天皇の妻）の姪。王仁三郎に心酔し、大本の宣教師に

山田春三
皇淳皇后（昭和天皇の妻）の養育係。貴族院議員としても活動

右翼

頭山満
政府軍部と太いパイプでつながる玄洋社の総帥。右翼の巨頭、黒幕的存在

内田良平
右翼団体・黒龍会主幹。頭山満の教え子。血盟団事件の黒幕との噂

血盟団事件の黒幕として名前があがっている。

●――王仁三郎、その出自の秘密は公然の事実だった

持って生まれた王仁三郎のカリスマ性の裏に、それとは別な「理由」が、この男の存在に重みを与えている。それが「出口王仁三郎＝有栖川宮熾仁親王ご落胤説」だ。

これは公然の秘密だった。とは言え、王仁三郎自身が明確に告白した事実はない。そんなことをすれば、この時代の象徴、不敬罪でしょっぴかれる。

それで、この男は歌を詠んだ。ほのめかしの表現で信者や周囲に訴えていたのである。もちろん官憲や軍の上層部にも耳に入っている。長州おかかえの明治天皇への反発勢力、特に薩摩閥の海軍は、その事実を好意的に受け取っていた。

明治天皇の露骨な長州陸軍びいきは有名で、海軍はおもしろくない。そのうえ、天皇すり替えにも気づいている。

「南朝のニセが！」

冷遇されるほど北朝の血脈を持つ有栖川宮にシンパシーを感じる。そこに有栖川宮の

ご落胤である王仁三郎が現れ、これが熱狂的支持につながったと私は分析する。

天皇になりたかった有栖川宮熾仁親王

出口王仁三郎の父親では？　という有栖川宮熾仁親王とはいかなる人物か。

皇女和宮の元の婚約者だ。それを孝明天皇の一存で一方的に破棄。和宮は泣く泣く徳川家に降嫁したが、やはり本命はこの二人、お互いに恋こがれる仲だったという。

有栖川宮家は、江戸時代初期から大正時代にかけて続いた宮家だ。書道や歌道の師範を勤めて、徳川宗家など武家との婚姻関係もある。

許嫁(いいなづけ)の熾仁親王は有栖川宮の9代目として1835（天保6）年に生まれている。

この人物をひと言で表すなら、ずばり「天皇になりたかった人」

熾仁は孝明天皇からも可愛がられていた、という。その縁で孝明の妹・和宮と婚約した。そうして力尽くで引き離される

だ。長州が京手入れと称して朝廷に接近した時のパイプ役で、長州の工作員として動いている。1863（文久3）年の「八月十八日の政変」でも本気で長州に加担し、孝明の怒りをかって、そのあげくが謹慎・蟄居だ。

熾仁も最初は、孝明寄りだった。しかし、大好きな和宮との仲を裂いた憎い相手である。批判精神に火が点き、時代遅れの孝明はダメだ。「いっそう自分が天皇になろう」と色気を出す。そううまく仕向けていったのが長州と三条実美（さねとみ）なのだが、甘言で手なずけ、野心をくすぐりながらうまく利用する。そこへ岩倉具視も一枚加わり、反孝明の公家としてもり立て、あおり、尻を叩いた。

新政府となってからは、名ばかりの最高権力者総裁となり、皇位継承権一位に祭り上げられる。むろん、取り巻きの思惑どおりだ。なぜ熾仁を持ち上げたのか？

北朝の筆頭だからだ。万が一を考えて「北朝の王」も囲っていたのである。天皇になりたい下心を見透かされ「孝明の子の睦仁は身体が弱い。その器ではない。次はあなただ」くらいのことは、言われていたはずである。

「よっしゃ、やったるか！」

踊らされているともつゆ知らず、東征大総督という政府軍総司令の肩書きで大いに張り切った。ところがフタをあけてみれば「どうも次の天皇は、自分ではないらしい」と気づく。

岩倉たちに「おいおい、話が違う」と訴えても相手は海千山千だ。「まだまだ混乱は続いている。まずはあなたが軍をピシッとまとめ、東北も鎮めていただきたい。今の天皇はワンポイント・リリーフで本命は閣下、ご貴殿ですよ」、鼻先ニンジン作戦。

しょせんは温室育ちのボンボンである。疑心暗鬼になりながらも、秘かな期待を持ち続ける。ところがそのうち、見たこともないような小僧が明治天皇に横滑りした。呆気にとられているところに「南朝の末裔(まつえい)らしい」と衝撃的ニュースが飛び込む。北朝の血をひく熾仁にとっては、まさに青天の霹靂(へきれき)、大どんでん返しだ。

天皇になる気満々だった熾仁。すっかりアテのはずれたショックはいかばかりか……

腹に据えかね、岩倉たちに文句を言った途端、新政府の総裁からはずされる。岩倉や大久保にとって、もはや熾仁は和宮と同様、賞味期限切れの邪魔者だ。その後、1895（明治28）年に亡くなるまで九州へ、広島へと全国に飛ばされ、1年に1、2回の異動、解任、左遷の嵐でどんどん格下げになっていく。まともな人間ならノイローゼになるほどの嫌がらせだ。当て馬の捨て駒、哀れな結末が目前に迫っていた。

●――さすらいの熾仁の子が王仁三郎だった

さて、少し時を戻す。明治元年（1868）、熾仁は故郷、京都に帰り、1年ほどブラブラと過ごしていた。真実を知って反発したため、半年前に総裁からはずされたあげく、ふてくされてのご帰還である。おもしろいわけがない。支配者の村八分に勝てる人は、そうざらにいるものではない。やることはないし、やる気も出ない。その頃の熾仁の日記が『熾仁親王行実（たるひとしんのうぎょうじつ）』だ。

これには「馬調（ばちょう）の事（こと）」という言葉が頻繁に出てくる。京都滞在の1年間におよそ70回、約3日半に一度の割合だ。ずいぶんと熱心な乗馬調練だ。

はて？　どうもおかしい。

調べてみると「馬調の事」は、京都にいるときだけ登場する特別な用語だ。京都だけ、乗馬にご執心？

ひょっとしたら女ではないか？　ピタリとはまる事実にぶつかった。

王仁三郎の母、上田よね（世称）の存在である。よねは1848（嘉永元）年、京都亀岡の生まれだ。女っぽくなって叔父が経営する京都伏見の船宿に奉公に出る。

熾仁は熾仁で京都住まいは1868年12月からほぼ1年、1869年の12月17日まで。

つまりふたりの出会いは可能だ。熾仁の息子か？

ところが王仁三郎の誕生日は1871（明治4）年8月27日（旧暦7月12日）。熾仁が京都を離れて1年半以上が経っているので計算が合わない。

しかし、それをくつがえす事実が浮上した。祖母が当時の政治情勢から、ご落胤が知れると殺されると判断。出生日を1年遅れにずらし、無関係を装ったというのである。孫を守るための偽装だ。そうすると正確な誕生日は1870年8月頃となり、逆算すると、熾仁とヨネの逢瀬は1869年10月から11月頃となってビンゴだ。

熱海にて、くつろぐ王仁三郎。独特のヘアスタイルで目をひく

天皇になれず、しかも南朝の天皇にすり替えられた北朝の熾仁のショックは大きい。この先をどうするか。目鼻もつかず意気消沈、捨て鉢な気持ちになっていたところへミューズが現れる。こういうときに女に走るのはありがちだ。京都でぶらぶらしていた熾仁は、気晴しにこの船宿へ足しげく通い詰めた。それを日記に「馬調の事」と書いた。実はこの謎を解読したのは私ではない。出口王仁三郎の孫、出口和明（やすあき）の功績だが、私もまったく同感だ。

で、世が世であるから熾仁はセレブ結婚の話が持ち上がり、12月に東京へ戻る。そのとき、よねは妊娠2ヶ月くらいだが、こちらも亀岡に帰って1870（明治3）年1月に百姓の佐野梅吉と結婚した。夫には7ヶ月の早産で、王仁三郎を生んだことにし、事実を隠した。

●――熾仁から授かった菊紋の小刀、小袖、短冊

よねが熾仁からもらったという、菊の紋章入りの守り刀は、出口家の家宝で、熾仁直筆の短冊も残されている。

このほかにも逸話は多い。

幼年期の王仁三郎は虚弱体質で、学校へは通わずに祖母に教えを受けたという。しかし、どこかマセていて、同級生より老人を相手にし、神童といわれるほどの聡明さももっていた。これらをご落胤という視点でみれば、人目を憚って学校へ行かせず、家族で面倒をみた理屈もわかる。また、年齢詐称を考慮すれば、歳のわりに妙に大人びた子どもだったことも納得がいく。

そして王仁三郎の風貌だ。ウリふたつだと思うのは私だけであろうか? 次のページの写真をご覧いただきたい。顔の輪郭、鼻の造作、口元などに共通点というより、すっかり本人になり切っている。いかがだろうか。

熾仁をよく知る身近な人物も、それを証明している。

王仁三郎（右）と熾仁（左）の顔を見比べると、たまご型の顔かたち、鼻や口の造作が見とれるほど似ている。身内同様の鶴殿親子も確信するほどだった

昭憲皇太后（明治天皇の妻）の姪、鶴殿親子だ。後に大本の宣教師になったのだが、入信の理由というのが、王仁三郎に会うなり「ウリふたつで間違いなく熾仁の子ども」と熱狂的に確信したからだという。

鶴殿は幼い頃、熾仁本人と兄弟同様に暮らした時期がある。その鶴殿がご落胤の噂を聞きつけて大本教団を訪ね、即日入信しているのだ。熾仁と王仁三郎、身内同様の人が認めるほどの相似形である。

いかがだろうか。

●──歌に隠された暗号から禁断の事実が浮かび上がる

出口王仁三郎＝北朝皇位継承順位筆頭、有栖川宮熾仁親王の長男。口にしたくても出きない王仁三郎は爆発する気持を自作の歌に託した。

父の名である「熾仁（たるひと）」や「有栖川（ありすがわ）」を詠い込んだ歌がある。

天地の神の光と生まれたるひとの子証かす三つの柱
久方の天津空よりおりたるひとの、常に立つ神世うるわし
ありとあらゆるすべての物に、川もよりて仕ふる御代ぞ恋しき
ありありとすみきる和知の川水は、汚れはてたるひとの世を洗ふ

次などは、自分は熾仁の子であることをはっきりと歌っている。

熾（さかんなる）なる仁愛にます神の子は　はや地の上に天降りますらむ

中には「有栖川熾仁」のフルネームが入っていたり、大胆にも漢字のまま「熾仁」を埋め込んだものもある。歌は大本の機関誌に堂々と載せているので、公然の秘密だ。む

大本宣伝歌「十二段返し」に隠された暗号

歌の４列目を右から左へ読み、８列目を左から右へ読む。すると

「あやべにてんしをかくせり　いまのてんしにせものなり」

↓

「綾部に天子を隠せり　今の天子ニセモノなり」。

　綾部とは京都府綾部市のこと。大本の本部がある場所だ。

「今の天皇はすり替えた偽物で　本当の天皇は綾部にいる王仁三郎である」ことを暗示している

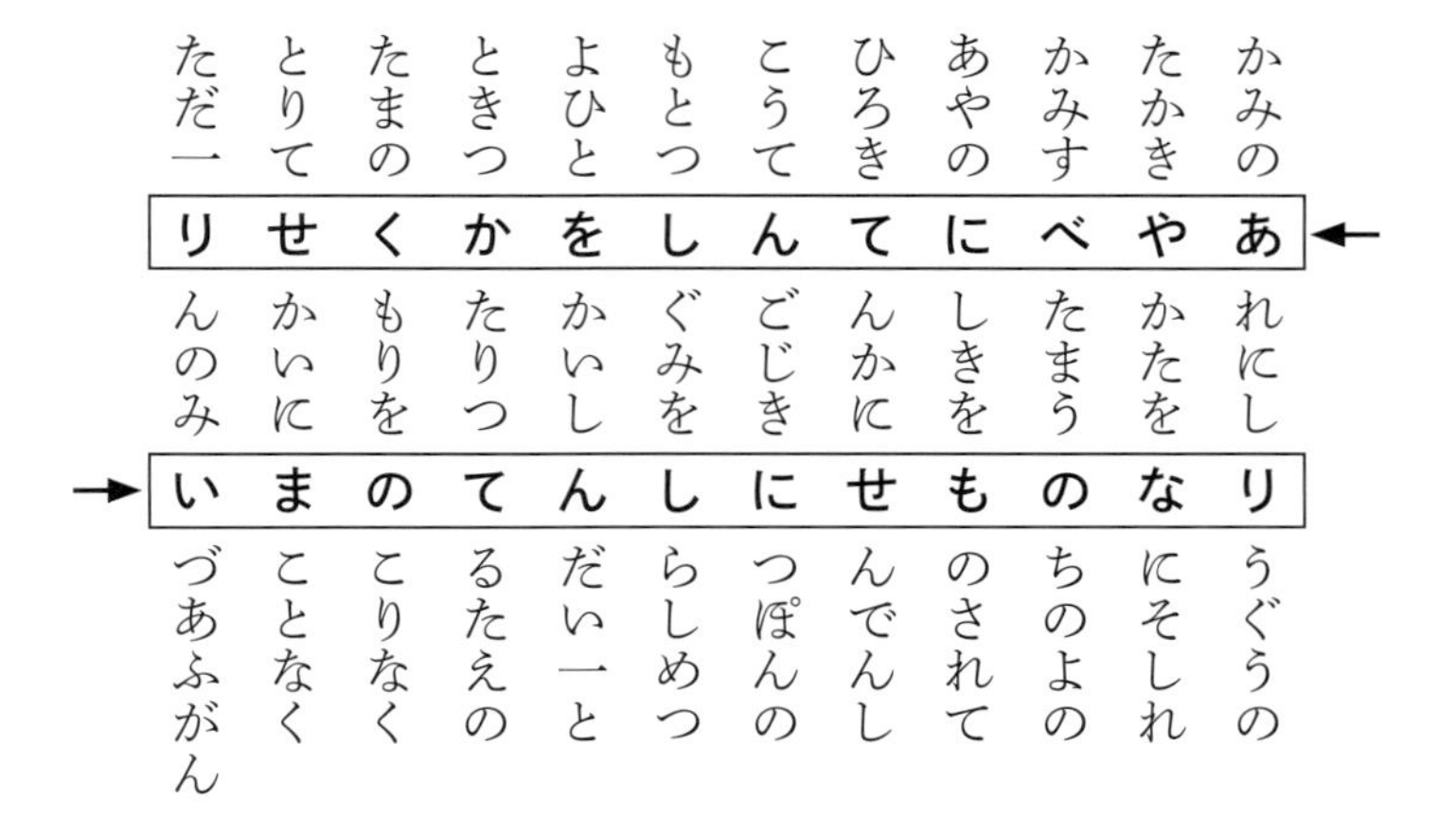

ろん王仁三郎の「仁」は、熾仁の一文字である。

注目したいのが「十二段返し」とよばれる大本の宣伝歌である。この歌は大本弾圧の際、裁判でこっそりと問題になったものだ。なぜこっそりかというと、大問題にして、藪(やぶ)を突いて全国のヘビ、いや㊗印の龍や虎を起こしては大変だからだ。

明らかに作為がある歌だ。

歌の4列目を右から左へ読み、8列目を左から右へ読む。すると、「綾部に天子を隠せり　今の天子ニセモノなり」という文言になる。

綾部は大本の本拠地だ。「そこに天皇（自分）を隠してある、今の天皇は（すり替えられた）まやかしだ」という禁断のメッセージが浮かび上がる。念入りさもここまでくると、落胤説が凄みと現実味を帯びてくる。巧妙なデキだ。

このとき皇位継承権一位の熾仁は亡くなっているので、玉座はその子、すなわち王仁三郎のものとなる。

●――検察も当局も王仁三郎の正体を知っていた⁉

海軍上層部が、皇位継承順位ナンバーワン北朝系有栖川熾仁の息子、王仁三郎を支持したことは紹介した。大本は一つの社会現象だ。

官憲はそのうちにしぼんでいくだろうとタカをくくっていたが、どうもこれは本物らしい。王仁三郎の出自が本当ならマズイ。怖いのはこの勢いが関西からあふれ、眠っている全国の北朝勢力を目覚めさせ、「打倒、ニセ天皇」という大きなうねりになって中央へ向かってくることだ。

4章でも触れたが、大本が勢いを増していく大正から、フルベッキ写真や和宮の左手首のない肖像画などが、幽霊のように現れて㊗印がじわじわ押し返してきているのだ。残党はまだ息絶えず、ウジのように湧いてくる。さらに危いのは、孝明時代の御用達で財を成した大阪商人だ。結集するとやっかいだ。そして王仁三郎には魔力があり、海軍が根こそぎもっていかれ、火に油が注がれそうになっていた。

パラノイアにおちいった政府当局は、とうとう手を下すことになる。ただし、表向

王仁三郎の出自とカリスマ性が、次第に官憲を本気にさせた

きの理由は「天皇の権威を脅かす不逞（ふてい）の輩（やから）」。不敬罪だ。

これが1921（大正10）年の第一次大本弾圧である。教団はかろうじてなんとか持ちこたえている。

ところが、当の王仁三郎はどこ吹く風だ。なんとこの事件の出獄中にモンゴルへ渡り、義勇軍を結成、自分をジンギス・ハーンになぞらえ、エルサレムへの進軍を決行した。このわけのわからない、支離滅裂な行動に、ちゃんと付き従う人間がいるのだから不思議だ。大人物に完璧になりきって、自分のものにすれば人は付いてゆくもので、ここに王仁三郎のカリスマのカリスマたるゆえんがある。このときは途中で身柄を拘束され、命からがら日本へ逃げ帰っているが。

●――北朝の血脈ゆえ、王仁三郎は追い込まれていく

1935（昭和10）年、ふたたび官憲が牙をむいた。第一次大本弾圧にもめげずに結束を固める大本。手ぬるさを感じた政府当局は、大本の完全壊滅をめざした。

時はあたかも昭和維新の不穏な空気が巷に流れていた。世界大恐慌による大不況。1931（昭和6）年の満州事変勃発。翌年には海軍青年将校たちが犬養毅首相を暗殺した五・一五事件。さらにその翌年には日本の国際連盟脱退と続き、過激な蜂起とテロで、国内は不安定モード一色だった。

そんな折の昭和9年、王仁三郎は昭和神聖会を創設した。行動的な内田良平なども加わり、皇国思想を核に据えた社会運動団体だ。これが官憲の口実になった。国家転覆、革命を企てる団体とされ、不敬罪と治安維持法をたてに、危ないことはなにもしていないのに反社会的勢力としてこの世からの抹殺をはかったのだ。第二次大本弾圧である。

政府当局の攻撃は熾烈を極めた。

合言葉は「邪教撲滅！」。国をあげての大キャンペーンだ。

メディアは今でもそうだが、当時はもっと政府の顔色をうかがい、80%くらい政府の御用機関となっている。こぞってあおった。「呪われた陰謀結社、妖教」と決めつけ、王仁三郎を反逆者、怪物、非国民とののしった。

大本の聖地、綾部と亀岡の教団施設をダイナマイトで爆破。関係文書の焼却はおろか、えげつないことに教祖のひとり、出口なおの墓まで掘り起こして、徹底的に破壊したのである。特高警察の無慈悲な拷問で16名の信者が死亡、発狂した幹部は数知れない。教団の根絶やしを狙った歴史に残る狂気の弾圧である。

常軌を逸した行為の裏には、やはり王仁三郎の血が関係していると私は思っている。いやしくも一国家の官憲が、死者の墓をあばいて破壊するだろうか。数十万の信者と各界名士たちに支持される教団を邪教とし、死にもの狂いで襲いかかるだろうか。戦前の共産党に対する赤狩りが、子供だましに見えるほどで、そうでも考えなければ理解できない仕打ちだ。

理由など後づけでいい。とにかく北朝系の血脈、王仁三郎の抹殺。南朝勢力の執念だ。

明治から脈々と続いてきた、天皇すり替えの隠蔽部隊がここにも深くかかわっていると、私は分析しているが、だれも知らないネットワークが強力に動いている。

裁判は時代との共作だ。世が移ろえばすべても移ろう運命にある。日本軍が負け、天と地がひっくり返る。王仁三郎は治安維持法で無罪、その後の大赦令で不敬罪も無効となる。晴れて無罪放免となり、昭和17年に亀岡に帰郷、家族とともに冗談好きのとぼけ顔で晩年を静かに過ごしている。

和宮内親王、有栖川宮熾仁親王、そして息子の出口王仁三郎。

和宮は殺され、熾仁は公には病死とされているが、割腹自殺をはかったとする説もある。そして王仁三郎は弾圧のあげく大志を断たれた。

北朝の血脈が出過ぎたことをすると、運命を狂わされる。

加治史観が正しければ、それもこれも「南朝革命＝天皇すり替え」という陰謀に端を発している。本書で取り上げた龍馬も、西郷も、この不都合な真実を正当化するための犠牲者だ。幕末に誕生した底の知れない、大きな闇は、たくみな手法で人の心に入り込み、感染して従わせる。

私はそこに一筋の光明をあてたい。ただそれだけである。それが闇に呑みこまれていった、記憶にも残らず、歴史からも消し去られた人々への鎮魂であり、未来へつなぐ者の責務だと考えている。

我々は「なんでも知っているが、なに一つ分からない」のだ。そのことさえ知っていれば、日本はまだかろうじて大丈夫である。

著者プロフィール

加治将一 かじ・まさかず

1948年、札幌生まれ。米国でビジネスを手がけ、帰国後、執筆活動に入る。

ベストセラーとなった『借りたカネは返すな！』をはじめ、つねに話題作を発表し続ける。明治維新の裏面を描き、坂本龍馬暗殺犯を特定した『龍馬の黒幕』（祥伝社文庫）は、テレビで3度映像化された。

主な著書に望月先生歴史シリーズ『幕末 維新の暗号 上・下』『西郷の貌』『幕末 戦慄の絆』『舞い降りた天皇』『失われたミカドの秘紋』（以上、祥伝社文庫）、『カネはアンティーク・コインにぶちこめ！』（祥伝社）など多数。

また、世界有数のアンティーク・コインのコレクターと知られ、日本国内においてブームを巻き起こす。

禁断の幕末維新史
封印された写真編

2016年9月10日 第1刷発行
2016年10月25日 第5刷発行

著者 加治将一
発行人 出口 汪
発行所 株式会社 水王舎
東京都新宿区西新宿6-15-1
ラ・トゥール新宿511 〒160-0023
電話 03-5909-8920 http://www.suiohsha.jp

編集協力 児玉編集事務所
ブックデザイン 福田和雄（FUKUDA DESIGN）
編集統括 瀬戸起彦（水王舎）
本文印刷 信毎書籍印刷
カバー印刷 歩プロセス
製本 ナショナル製本

 ISBN978-4-86470-057-3